RECHERCHES POUR SERVIR A L'HISTOIRE

DES

INSECTES FOSSILES

DES

TEMPS PRIMAIRES

PRÉCÉDÉES D'UNE

ÉTUDE SUR LA NERVATION DES AILES DES INSECTES

PAR

Charles BRONGNIART

ASSISTANT DE ZOOLOGIE DU MUSÉUM D'HISTOIRE NATURELLE

ATLAS

SAINT-ETIENNE

IMPRIMERIE THÉOLIER ET Cie

Rue Gérentet, 12.

—

1893

RECHERCHES POUR SERVIR A L'HISTOIRE

DES

INSECTES FOSSILES DES TEMPS PRIMAIRES

PRÉCÉDÉES D'UNE

ÉTUDE SUR LA NERVATION DES AILES DES INSECTES

ATLAS

EXPLICATION DES PLANCHES

Les douze premières planches de cet Atlas sont réservées à l'étude de la nervation chez les Insectes vivants pour servir de terme de comparaison avec les types fossiles. Les dessins représentant les ailes des insectes ont été exécutés à la loupe chambre claire, d'après nature, par l'auteur. Ils ont été mis au net par M. Tertrin, Préparateur d'Entomologie au Muséum, et reproduits directement en héliogravure par M. P. Dujardin. Quelques insectes, que nous n'avons pu nous procurer, ont été figurés d'après MM. R. Mac Lachlan, Eaton, Redtenbacher, de Sélys-Longchamps, Lespés, Pictet, Brünner de Wattenwyl. Nous indiquerons scrupuleusement les sources auxquelles ont été puisés nos renseignements.

Un trait placé à côté des figures montre leur grandeur naturelle.

Les chiffres romains indiquent les nervures et permettent de se reporter au texte.

La planche XXVIII (Pl. 12 de ce mémoire) représente des ailes d'Orthoptères et de Fulgorides grandies et reproduites en héliogravure par M. P. Dujardin d'après des photographies directes et tirées en couleur par MM. Eudes et Chassepot.

Quant aux dessins d'Insectes fossiles, ils ont été exécutés par l'auteur; quelques figures représentent les échantillons eux-mêmes photographiés directement et reproduits en héliogravure par les soins de M. P. Dujardin.

Les planches lithographiées ont été exécutées par M. L. Sohier et tirées par M. Bry. M. L. Sohier a donné en outre, d'après les indications de l'auteur, une restauration de grandeur naturelle de la plus grande espèce d'insecte connue, la *Meganeura Monyi* qui mesurait près de 70 centimètres d'envergure; cette espèce est figurée volant au-dessus de l'ancien lac de Commentry.

Les dessins d'insectes fossiles représentent pour la plupart les échantillons de grandeur naturelle. Cependant, quelques-uns ont été grandis et, dans ce cas, un trait indique la dimension exacte de l'empreinte.

EXPLICATION DES PLANCHES[1]

LÉGENDE COMMUNE A TOUTES LES FIGURES :

I. Costale.
II. Sous-costale.
III. Radius.
S. Secteur du radius.
V. Médiane.
VII. Cubitus.
IX. XI. XIII. XV. Nervures anales.
IV. VI. VIII. X. Nervures *basses*.
P. Plis concaves.

PLANCHE XVII (1)

Névroptères.

Fig. 1. *Corydalis cornutus*, aile antérieure. (Collection du Muséum n° 11. — 1843.)

Fig. 2. *Corydalis cornutus*, aile postérieure.

---

(1) La Société de l'Industrie minérale a publié en 1888 un premier fascicule du tome VII, 3e série, de son *Bulletin*, qui renfermait mon mémoire sur le *Pleuracanthus Gaudryi* accompagné de planches numérotées I à VI et un mémoire de M. Sauvage accompagné de planches numérotées VII à XVI ; le présent travail formant le second fascicule du tome VII, les planches commenceront au numéro XVII.

Les chiffres arabes, mis entre parenthèses à la suite des chiffres romains, indiquent le numéro des planches du présent mémoire sur les Insectes fossiles du terrain houiller.

Fig. 3. *Chauliodes*, du Kiang-Si (Chine). (Rapporté par M. l'abbé David. Collection du Muséum n° 865. — 1869.) Aile antérieure.

Fig. 4. *Chauliodes*, aile postérieure.

Fig. 5. *Chauliodes*. (Collection du Muséum; l'étiquette porte *Sialis fulvicornis*.)

Fig. 6. *Sialis lutaria*, aile antérieure.

Fig. 7. *Sialis lutaria*, aile postérieure.

Fig. 8. *Raphidia* du Mexique. (Collection du Muséum n° 60. — 1856.) Aile antérieure.

Fig. 9. *Raphidia*, aile postérieure.

PLANCHE XVIII (2)

Fig. 1. *Drepanicus Gayi*, aile antérieure. (Collection du Muséum n° 15 — 1843.)

Fig. 2. *Drepanicus Gayi*, aile postérieure.

Fig. 3. *Mantispa*, aile antérieure. (Collection du Muséum n° 246 — 1861.)

Fig. 4. *Mantispa*, aile postérieure.

Fig. 5. *Dilar*. (Spécimen communiqué par M. Mac Lachlan). Aile antérieure.

Fig. 6. *Dilar*, aile postérieure.

Fig. 7. *Megalomus hirtus*, aile antérieure. (S + III. Secteur accolé au rameau principal du radius. Voir Fig. 1 page 142.)

Fig. 8. *Megalomus hirtus*, aile postérieure.

Fig. 9. *Chrysopa varia*, aile antérieure. (Collection du Muséum n° 1080 — 1881.)

Fig. 10. *Chrysopa varia*, aile postérieure.

Fig. 11. *Coniopteryx*. (Communiqué par M. R. Mac-Lachlan.) Aile antérieure.

Fig. 12. *Coniopteryx*, aile postérieure.

PLANCHE XIX (3)

Fig. 1. *Porismus strigatus*, aile antérieure. (Collection du Muséum.)

Fig. 2. *Porismus strigatus*, aile postérieure.

Fig. 3. *Osmylus maculatus*, aile antérieure.

Fig. 4. *Osmylus maculatus*, aile postérieure.

Fig. 5. *Osmylus maculatus*, portion basilaire de l'aile postérieure grossie davantage.

Fig. 6. *Nemoptera lusitanica*, aile antérieure. (Collection du Muséum.)

Fig. 7. *Nemoptera Olivieri*, d'Egypte. Aile antérieure. (Collection du Muséum.)

Fig. 8. *Nemoptera Olivieri*, portion basilaire de l'aile postérieure.

Fig. 9. *Nemoptera Olivieri*, extrémité de l'aile postérieure.

Fig. 10. *Nymphes myrmeleonides* de Tasmanie, aile antérieure. (Collection du Muséum n° 2 — 1847.)

Fig. 11. *Myrmeleo pulchellus* de Tasmanie. (Collection du Muséum n° 2 — 1847.) Aile antérieure.

Fig. 12. *Myrmeleo pulchellus*, portion basilaire de l'aile postérieure.

Fig. 13. *Acanthaclisis subtendens*, aile antérieure. (Collection du Muséum n° 570 — 1873.)

Fig. 14. *Acanthaclisis subtendens*, aile postérieure.

Fig. 15. *Acanthaclisis subtendens*, extrémité de l'aile postérieure.

PLANCHE XX (4)

FIG. 1. *Stilbopteryx costalis*, aile antérieure. (Collection du Muséum n° 570 — 1873.)

FIG. 2. *Stilbopteryx costalis*, aile postérieure.

FIG. 3. *Palpares speciosus* du cap de Bonne-Espérance. (Collection du Muséum.) Aile antérieure.

FIG. 4. *Palpares speciosus*, aile postérieure; *a. b.* nervule reliant la cubitale antérieure à la cubitale postérieure.

FIG. 5 et 6. Portion de l'aile postérieure de deux autres individus de la même espèce, montrant en *a. b.* diverses dispositions de la nervule qui relie la cubitale antérieure à la cubitale postérieure au niveau où ces deux nervures forment un angle.

FIG. 7. *Ascalaphus*. sp. du Kiang-Si (Chine). (Collection du Muséum n° 862 — 1869.) Aile antérieure.

FIG. 8. *Ascalaphus*, aile postérieure.

FIG. 9. *Psocus costalis* du Chili. Aile antérieure. (Collection du Muséum n° 15 — 1843.)

PLANCHE XXI (5).

FIG. 1. *Panorpa*, sp. aile antérieure. (Collection du Muséum n° 298 — 1869.)

FIG. 2. *Panorpa*, aile postérieure.

FIG. 3. *Panorpa germanica*, aile antérieure.

FIG. 4. *Panorpa germanica*, aile postérieure.

FIG. 5. *Bittacus*, sp. du Kiang-Si (Chine). Aile antérieure. (Collection du Muséum n° 874 — 1869.)

FIG. 6. *Bittacus*, aile postérieure.

FIG. 7. *Bittacus atrifrons*, aile antérieure. (Collection du Muséum n° 1079 — 1881.)

FIG. 8. *Bittacus atrifrons*, aile postérieure.

FIG. 9. *Bittacus chilensis*, aile antérieure. (Collection du Muséum n° 15 — 1843.)

FIG. 10. *Bittacus chilensis*, aile postérieure.

FIG. 11. *Chorista*, sp. de Tasmanie. Aile antérieure. (Collection du Muséum n° 2 — 1847.)

FIG. 12. *Chorista*, aile postérieure.

FIG. 13. *Nothiothauma Reedi* du Chili, d'après Mac Lachlan.

FIG. 14. *Merope tuber*, d'après Newman, de grandeur naturelle.

FIG. 15. *Merope tuber*, grandi.

PLANCHE XXII (6).

Fig. 1. *Phryganea*, sp. de Mongolie. (Collection du Muséum n° 1116 — 1807.) Aile antérieure.

Fig. 2. *Phryganea*, aile postérieure.

Fig. 3. *Tinea vastella*, d'après Redtenbacher.

Fig. 4. *Limnophilus griseus*, d'après Redtenbacher.

Fig. 5. *Philopotamus variegatus*, d'après Redtenbacher.

Fig. 6. *Leptocerus venosus*, d'après Redtenbacher.

Fig. 7. *Isopteryx*, sp. de Kiang-Si (Chine). (Collection du Muséum n° 866 — 1869.) Aile antérieure.

Fig. 8. *Isopteryx*, aile postérieure.

Fig. 9. *Perla cephalotes*, aile antérieure.

Fig. 10. *Perla cephalotes*, aile postérieure.

Fig. 11. *Eusthenia spectabilis*, de Tasmanie. (Collection du Muséum n° 3 — 1847.) Aile antérieure.

Fig. 12. *Pteronarcys protaeus*, aile antérieure. (Collection du Muséum.)

Fig. 13. *Pteronarcys protaeus*, aile postérieure.

PLANCHE XXIII (7).

Fig. 1. *Ephemera vulgata* ♂, aile antérieure. (Collection du Muséum.)

Fig. 2. *Ephemera vulgata* ♂, aile postérieure.

Fig. 3. Genre voisin des *Calliarcys*, aile antérieure. (Collection du Muséum n° 254 — 1872.)

Fig. 4. *Cloeon dipterum* ♀.

Fig. 5. *Cloeon dipterum* ♂.

Fig. 6. Insecte innomé du Brésil, de la collection Mac Lachlan, d'après Eaton. (Eaton, Monograph of Ephemeridae, Pl. VI, Fig. 8 bis).

Fig. 7. *Heptagenia gallica*, d'après Eaton.

Fig. 8. *Thraulus bellus*, d'après Eaton.

Fig. 9. *Homœoneuria Salviniæ*, d'après Eaton.

Fig. 10. *Spanophlebia Trailiæ*, d'après Eaton.

Fig. 11. *Oligoneuria rhenana* ♂, d'après Eaton.

Fig. 12. *Oligoneuria anomala*, d'après Eaton.

Fig. 13. *Oligoneuria rhenana* ♀, d'après Eaton.

Fig. 14. *Elassoneuria Trimeniana*, d'après Eaton.

Fig. 15. *Lachlania* sp. ♀. (Collection du Muséum n° 60 — 1856.)

Fig. 16. *Lachlania* sp. ♂. (Collection du Muséum n° 60 — 1856.)

PLANCHE XXIV (8).

FIG. 1. *Æschna grandis*, aile de nymphe.

a trachée qui forme la nervure costale I.

b trachée qui forme le bord postérieur de l'aile.

c tronc trachéen d'où partent les trachées qui formeront toutes les nervures à l'exception de la costale I.

r tronc trachéen qui deviendra le rameau antérieur du radius III.

s trachée qui se détache du radius III, qui passe entre les deux branches de la trachée qui deviendra la nervure IV. Cette partie, située entre le radius et la fourche de la nervure IV s'oblitèrera chez l'adulte, et la partie qui est située au delà de la fourche deviendra la médiane V en s'unissant à une nervure qui apparaîtra plus tard et qui se formera dans la ligne claire *m*.

t et *t'* lignes claires dans lesquelles se formeront, chez l'adulte, des nervules qui auront l'aspect de nervures et qui constitueront deux des côtés du triangle de l'aile. On les verra marquées par une ligne de points dans l'aile de l'adulte. (FIG. 2.)

FIG. 2. *Æschna grandis*, aile antérieure de l'adulte.

FIG. 3. Ailes antérieure et postérieure de l'*Æschna cyanea*, de grandeur naturelle, d'après une photographie directe faite par M. Paul Audouin.

FIG. 4. Extrémité de l'aile antérieure de l'*Æschna cyanea*, grandie, d'après une photographie directe faite par M. Paul Audouin.

FIG. 5. *Libellula cœrulescens* d'Europe, aile antérieure. (Collection du Muséum n° 53 — 1867.)

FIG. 6. *Libellula cœrulescens*, aile postérieure.

FIG. 7. *Nannophya* sp. d'Australie, voisine de *N. vespiformis*, aile antérieure. (Collection du Muséum n° 83 — 1863.)

FIG. 8. *Palæophlebia superstes*, ailes antérieure et postérieure, d'après M. E. de Sélys-Longchamps.

PLANCHE XXV (9)

FIG. 1. *Calopteryx virgo*, base de l'aile antérieure.

FIG. 2. *Microstigma*, sp., base de l'aile antérieure. (Collection du Muséum.)

FIG. 3. *Megaloprepus*, sp., base de l'aile antérieure. (Collection du Muséum.)

FIG. 4. *Ischnura senegalensis*, du Sud de l'Afrique. (Collection du Muséum.) Aile antérieure.

FIG. 5. *Termes lucifugus*, d'après Lespés. *a* base du radius III, *b* base de la médiane V.

FIG. 6. *Termes bellicosus*, d'Abyssinie. (Collection du Muséum n° 430-1850.) Aile antérieure.

FIG. 7. *Termes bellicosus*, aile postérieure.

FIG. 8. *Calotermes flavicollis*, de Naples, aile antérieure. (Collection du Muséum n° 1-1853.)

FIG. 9. *Calotermes flavicollis*, aile postérieure.

FIG. 10. *Porotermes chilensis*, aile antérieure. (Collection du Muséum (Gay ; Chili.)

FIG. 11. *Porotermes chilensis*, aile postérieure.

FIG. 12. *Calotermes*, sp., aile postérieure. (Collection du Muséum n° 1-1836.)

FIG. 13. *Embia mauritanica*, d'Algérie. (Collection du Muséum, rapportée par M. Lucas.) Aile antérieure.

FIG. 14. *Embia mauritanica*, aile postérieure.

FIG. 15. *Oligotoma Michaeli*, d'après Mac Lachlan, ailes antérieure et postérieure.

PLANCHE XXVI (10).

FIG. 1. *Acrophylla Titan*, aile antérieure ou élytre; B. bord du champ précostal. (Collection du Muséum.)

FIG. 2. *Acrophylla Titan*, aile postérieure.

FIG. 3. *Prisopus flabelliformis*, aile antérieure ou élytre. (Collection du Muséum.)

FIG. 4. *Heteropteryx Rollandi*. ♀ de Malacca. (Collection du Muséum.) Aile antérieure ou élytre. B. bord du champ précostal *pr*.

FIG. 5. *Heteropteryx Rollandi*, aile postérieure.

FIG. 6. *Phyllium pulchrifolium*, ♀ aile antérieure ou élytre. (Collection du Muséum.)

FIG. 7. *Hierodula bioculata*, ♀ élytre.

FIG. 8. *Hierodula bioculata*, ♂ élytre.

FIG. 9. *Hierodula bioculata*, ♀ aile de la seconde paire.

FIG. 10. *Hierodula bioculata*, ♀ élytre de grandeur naturelle.

FIG. 11. *Hierodula bioculata*, ♂ élytre de grandeur naturelle.

FIG. 12. *Hierodula bioculata*, ♀ aile postérieure.

FIG. 13. *Hierodula bioculata*, ♂ aile postérieure.

FIG. 14. *Acanthodis albomarginata*, élytre. (Collection du Muséum.)

c, *m*, point où la médiane et le cubitus s'accolent.

FIG. 15. *Phyllophora grandis*, élytre droit. (Collection du Muséum (voyage de Jacquinot).

PLANCHE XXVII (11).

Fig. 1. *Forficula auricularia*, aile de la seconde paire. (Pour l'explication des lettres, voir le texte pages 222 et suivantes.)

Fig. 2. *Phyllodromia germanica*, élytre.

Fig. 3. *Phyllodromia germanica*, aile de la seconde paire.

Fig. 4. *Gryllacris*, élytre. (Collection du Muséum.)

Fig. 5. *Gryllacris*, de la Nouvelle-Zélande. (Collection du Muséum.)

Fig. 6. *Bugajus Couloni*, d'après Brünner de Wattenwyl.

Fig. 7. *Brachytrypus membranaceus*, ♂ élytre d'après de Saussure. (Voir pour l'explication des lettres le texte pages 253 et 254.)

Fig. 8. *Brachytrypus membranaceus*, ♀ élytre.

Fig. 9. *Brachytrypus membranaceus*, ♀ aile de la seconde paire.

PLANCHE XXVIII (12).

Toutes les figures de cette planche, à l'exception de la Fig. 5, ont été photographiées d'après nature et reproduites directement en héliogravure.

Fig. 1. *Locusta viridissima*, ♀ élytre.

Fig. 2. *Locusta viridissima*, ♀ aile de la seconde paire, *n*, *n*, nervure spéciale présentant des organites probablement sensoriels. (Voir le texte page 244.)

Fig. 3. *Schistocerca peregrina*, élytre.

Fig. 4. *Schistocerca peregrina*, aile de la seconde paire.

Fig. 5. *Copiophora cultricornis*, ♀ de l'Amérique centrale, d'après M. Alphonse Pictet. (Mémoire de la Société de physique et d'histoire naturelle de Genève, Tome XXX, n° 6-1888, page 47, Pl. II, Fig. 23.)

Fig. 6. *Phenax variegata*, aile antérieure. (Collection du Muséum.)

Fig. 7. *Phenax variegata*, aile postérieure.

Fig. 8. *Dichoptera hyalinata*, aile antérieure. (Collection du Muséum.)

Fig. 9 *Dichoptera hyalinata*, aile postérieure.

Fig. 10. *Aphana operosa*, aile antérieure.

Fig. 11. *Aphana operosa*, aile postérieure.

Cette planche a été tirée en couleurs avec les plus grands soins par MM. Eudes et Chassepot, grâce à la générosité éclairée de la Société de l'Industrie minérale et à la bienveillance de son savant Trésorier, M. C. Grand'Eury.

PLANCHE XXIX (13).

TOUTES LES FIGURES GRANDEUR NATURELLE

FIG. 1. *Mischoptera Woodwardi.*

FIG. 2. *Mischoptera Woodwardi.*

FIG. 3. *Mischoptera nigra.*

FIG. 4. *Mischoptera Woodwardi.*

FIG. 5. *Mischoptera Woodwardi.*

FIG. 6. *Mischoptera Woodwardi.*

FIG. 7. *Mischoptera Woodwardi.*

FIG. 8. *Psilothorax longicauda.*

FIG. 9. *Psilothorax longicauda*, contre-empreinte de la figure précédente. On y voit mieux les dessins colorés qui ornent les ailes.

FIG. 10. *Psilothorax longicauda*, filets abdominaux.

FIG. 11. *Psilothorax longicauda*, portion de filet abdominal grossi.

FIG. 12. *Psilothorax longicauda.*

PLANCHE XXX (14).

Fig. 1. *Mischoptera nigra.* Reproduit directement en héliogravure d'après l'échantillon.

Fig. 2. *Mischoptera nigra.* Reproduit d'après le dessin de l'auteur.

Fig. 3. *Mischoptera Woodwardi.* Reproduit en héliogravure directement d'après l'échantillon.

Fig. 4. *Mischoptera Woodwardi.* Reproduit d'après le dessin de l'auteur.

Fig. 5. *Mischoptera Woodwardi.*

Fig. 6. *Mischoptera Woodwardi.*

Fig. 7. *Mischoptera Woodwardi.*

Sur les échantillons représentés par les Fig. 1 et 3, les empreintes se détachent en noir sur le fond gris clair du schiste.

PLANCHE XXXI (15).

FIG. 1. *Psilothorax longicauda.*

FIG. 2. *Psilothorax longicauda.* Echantillon présentant l'extrémité de l'abdomen avec les longs filets abdominaux.

FIG. 3. *Psilothorax longicauda.* Contre-empreinte de l'échantillon représenté par la FIG. 1.

FIG. 4. *Psilothorax longicauda.*

FIG. 5. *Sphecoptera gracilis.*

FIG. 6. *Sphecoptera gracilis.*

FIG. 7. *Sphecoptera gracilis.*

FIG. 8. *Cyclocelis acuta.*

FIG. 9. *Cyclocelis minor.*

PLANCHE XXXII (16).

FIG. 1. *Cyclocelis maculata.*

FIG. 2. *Cyclocelis maculata.*

FIG. 3. *Cyclocelis maculata.*

FIG. 4. *Cyclocelis obscura.*

FIG. 5. *Cyclocelis obscura.*

FIG. 6. *Corydaloides Scudderi.*

FIG. 7. *Corydaloides Scudderi.*

FIG. 8. *Corydaloides simplex.*

FIG. 9. *Corydaloides simplex.*

Les figures 8 et 9 appartiennent peut-être à une espèce différente qui serait caractérisée par une nervure médiane V simple.

FIG. 10. *Corydaloides Scudderi.*

FIG. 11, 12, 13. *Corydaloides Scudderi.* Fragments de corps et d'ailes.

PLANCHE XXXIII (17).

FIG. 1. *Sphecoptera pulchra*, grandie.

FIG. 2. *Sphecoptera pulchra*, portion grandie encore davantage de la même aile.

FIG. 3. *Ischnoptilus elegans*, grandi.

FIG. 4. *Aspidothorax triangularis*.

FIG. 5. *Aspidothorax triangularis*.

FIG. 6. *Aspidothorax triangularis*, aile grandie.

FIG. 7. *Aspidothorax maculatus*.

FIG. 8. *Aspidothorax maculatus*.

FIG. 9. *Diaphanoptera vetusta*.

FIG. 10. *Diaphanoptera Munieri*.

FIG. 11. *Homaloneura elegans*.

FIG. 12. *Homaloneura elegans*.

FIG. 13. *Homaloneura punctata*.

FIG. 14. *Homaloneura Bucklandi*.

FIG. 15. *Homaloneura ornata*.

FIG. 16. *Homaloneura ornata*, contre-empreinte de l'échantillon précédent.

FIG. 17. *Homaloneura Bonnieri*.

FIG. 18. *Homaloneura Bonnieri*.

PLANCHE XXXIV (18).

FIG. 1. *Homaloneura elegans*. Aile grandie.

FIG. 2. *Homaloneura Bucklandi*. Aile grandie.

FIG. 3. *Homaloneura punctata*. Aile de la 1re paire grandie.

FIG. 4. *Homaloneura punctata*. Aile de la 2e paire grandie.

FIG. 5. *Homaloneura Joannae*. Aile grandie.

FIG. 6. *Homaloneura ornata*. Aile de la 1re paire grandie.

FIG. 7. *Homaloneura ornata*. Aile de la 1re paire grandie.

FIG. 8. *Blanchardia pulchella* de grandeur naturelle.

FIG. 9. *Blanchardia pulchella*, ailes grandies.

FIG. 10. *Anthracothremma Scudderi*.

PLANCHE XXXV (19).

Fig. 1. *Compsoneura fusca.*

Fig. 2. *Compsoneura formosa.*

Fig. 3. *Spilaptera Guernei.*

Fig. 4. *Spilaptera venusta.*

Fig. 5. *Spilaptera Meunieri.*

Fig. 6. *Spilaptera* (?)

Fig. 7. *Lamproptilia Grand'Euryi.* Reproduction directe de l'échantillon en héliogravure.

Fig. 8. *Lamproptilia Grand'Euryi.* Reproduction en héliogravure du dessin de l'auteur.

Fig. 9. *Lamproptilia Stirrupi.*

Fig. 10. *Fouquea Lacroixi.*

Fig. 11. *Fouquea Sauvagei.*

Fig. 12. *Graphiptilus Williamsoni.*

Fig. 13. *Graphiptilus Heeri.*

Fig. 14. *Graphiptilus Ramondi.*

Fig. 15. *Palaeoptilus Brullei.*

PLANCHE XXXVI (20)

FIG. 1. *Becquerelia superba.*

FIG. 2. *Becquerelia elegans.*

FIG. 3. *Becquerelia tincta.*

FIG. 4. *Becquerelia Grehanti.*

FIG. 5. *Becquerelia Grehanti.* Restauration de l'aile de la seconde paire.

FIG. 6. *Becquerelia Grehanti.* Contre-empreinte de l'extrémité de l'aile de l'empreinte représentée FIG. 4.

FIG. 7. *Spilaptera Packardi.*

FIG. 8. *Spilaptera libelluloides.*

FIG. 9. *Rhabdoptilus Edwardsi.*

FIG. 10. *Homoioptera Woodwardi.*

PLANCHE XXXVII (21)

Fig. 1. *Lithomantis Goldenbergi.*

Fig. 2. *Lithomantis Goldenbergi.* Autre empreinte de la même espèce montrant les bandes colorées des ailes.

Fig. 3. *Megaptilus Blanchardi.*

Fig. 4. *Megaptilus Scudderi.*

Fig. 5. *Megaptilus Brodiei.*

Fig. 6. *Archaeoptilus ingens.*

Fig. 7. *Archaeoptilus Lacazei.*

Fig. 8. *Breyeria borinensis.*

Fig. 9. *Borrea Lachlani.*

PLANCHE XXXVIII (22)

FIG. 1. et 2. *Stenodictya lobata.*

FIG. 3. *Stenodictya Oustaleti.*

FIG. 4. *Stenodictya Perrieri.*

FIG. 5. *Stenodictya Gaudryi.*

FIG. 6. *Stenodictya Arnaudi.*

FIG. 7. *Stenodictya Fritschi.*

FIG. 8, 9, 10, 11. *Stenodictya minima.*

FIG. 12. *Heeria* (1) *Vaillanti.*

FIG. 13 et 14. *Dictyoptilus Renaulti.*

FIG. 15. *Peromaptera Filholi.*

(1) Voir la note à la page 28.

PLANCHE XXXIX (23)

Fig. 1. *Heeria* (1) *Vaillanti*, grandie deux fois. Reproduction directe de l'échantillon en héliogravure.

Fig. 2. *Heeria* (1) *Vaillanti* de grandeur naturelle, d'après un dessin de l'auteur.

Fig. 3. *Heeria* (1) *Hamyi*.

Fig. 4. *Haplophlebium Barnesii*, grandi deux fois, d'après une photographie communiquée par M. Scudder.

Fig. 5. *Haplophlebium Barnesii* de grandeur naturelle, dessiné par l'auteur d'après la photographie communiquée par M. Scudder.

(1) Au moment de mettre sous presse, nous nous apercevons que le nom de *Heeria* a déjà été employé par M. Scudder pour désigner un genre d'Hémiptère tertiaire. Nous proposons donc de changer notre genre *Heeria* en *Microdictya* (μικρόν, δίκτυον).

PLANCHE XL (24)

FIG. 1 et 2. *Protagrion Audouini.*

FIG. 3. *Campyloptera Eatoni.*

FIG. 4. *Brodia priscotincta* grandie, dessinée d'après nature à la chambre claire.

FIG. 5. *Protoperla Westwoodi,* grandie.

FIG. 6. *Protokollaria ingens* de grandeur naturelle.

FIG. 7, 8, 9. *Protodiamphipnoa Tertrini.*

FIG. 10 et 11. *Gerarus* (?) *Commentryi.* Nous plaçons avec doute cette empreinte dans le genre *Gerarus* de Scudder ; mais nous pensons que cet insecte peut rentrer dans la famille des *Protoperlides.*

FIG. 12.
FIG. 13.
FIG. 14.
FIG. 15.
} Fragments d'ailes indéterminables.

PLANCHE XLI (25)

Fig. 1 à 6. *Meganeura Monyi* de grandeur naturelle.

Fig. 7. *Titanoptera maculata* —

PLANCHE XLII (26)

Restauration des ailes de *Meganeura Monyi*.

Fig. 1. Aile de la première paire	de grandeur naturelle.
Fig. 2. Aile de la seconde paire	

PLANCHE XLIII (27)

Restauration de *Meganeura Monyi*. L'insecte, représenté presque de grandeur naturelle, vole au-dessus du lac de Commentry. Au loin, on voit les montagnes et les forêts. On distingue deux deltas formés par les cours d'eau qui se déversent dans le lac.

Cette planche a été exécutée avec le plus grand soin par M. Sohier, d'après les documents fournis par l'auteur et par MM. Fayol et Boule.

PLANCHE XLIV (28)

Meganeura Selysii grandie. Reproduction directe de l'échantillon en héliogravure.

PLANCHE XLV (29)

Fig. 1. *Meganeura Selysii* de grandeur naturelle. (D'après un dessin de l'auteur.)

Fig. 2. *Titanophasma Fayoli* de grandeur naturelle. Corps présumé de *Meganeura Monyi*.

Fig. 3. *Homalophlebia Courtini*.

PLANCHE XLVI (30)

Ailes de Paléoblattides.

N'ayant pas fait une étude spéciale des Blattes primaires et nous réservant de faire ce travail ultérieurement, nous ne donnons des noms qu'avec doute.

Fig. 1. *Promylacris* (?) sp. ressemblant au *P. ovalis* de Scudder.

Fig. 2 et 3. *Necymylacris* (?) sp. ressemblant au *N. heros* de Scudder.

La Fig. 2 est l'aile de droite; la Fig. 3 l'aile de gauche. On constatera que la nervation diffère dans les deux ailes et que, si elles étaient isolées, on serait tenté d'en faire deux espèces.

Fig. 4. *Etoblattina* se rapprochant de *E. russoma* Scudder.

Fig. 5. *Etoblattina* se rapprochant de *E. anaglyptica* Scudder.

Fig. 6. *Etoblattina* se rapprochant de *E. flabellata* Germar.

Fig. 7. *Gerablattina* se rapprochant de *G. producta*. (Voir Scudder. *Loc. cit.*, p. 126, Pl. 3, Fig. 2.)

PLANCHE XLVII (31)

Paléoblattides.

Même observation générale que pour la planche précédente.

Fig. 1 et 2. *Anthracoblattina gigantea* nov. sp. ayant beaucoup de rapports avec *A. spectabilis* Gold.

Sur la Fig. 1 on distingue le prothorax très arrondi et petit par rapport à la grandeur de l'insecte.

Fig. 3 et 4. *Etoblattina* sp.

Sur la Fig. 3 on voit les ailes en place et le prothorax. On distingue les deux pattes de la troisième paire qui se voient par dessous des élytres.

Sur la Fig. 4 on voit l'élytre et une portion de l'aile de la seconde paire.

Fig. 5. Aile de la seconde paire de l'*Anthracoblattina gigantea*.

Fig. 6. Aile de la seconde paire de *Etoblattina*.

Fig. 7. Dessin de l'échantillon précédent.

Fig. 8. Aile de la seconde paire de *Etoblattina*.

Fig. 9. *Etoblattina* voisine de *E. balteata*. (voir Scudder, *Loc. cit.* Pl. 6. Fig. 9).

FIG. 10, 11, 12. *Promylacrys* voisin de *P. ovalis* de Scudder grandi 2 fois.

Ces trois figures représentent le même échantillon éclairé de trois manières différentes. On remarquera la largeur du prothorax, et combien la nervure VIII qui limite le champ anal est profondément *basse*.

FIG. 13. *Dictyomylacris*, nov. gen. *D. insignis*, nov. sp.

Ce genre est remarquable par la forme ovale des élytres ; par le prothorax ovale transversalement et parcouru par de fines nervures disposées en éventail et réunies entre elles par de petites nervules transverses. Grandi deux fois.

FIG. 14. *Dictyomylacris Poiraulti*. nov. sp. grandi deux fois.

Cette espèce diffère de la précédente par ses élytres plus larges, moins acuminés, par son prothorax moins ovale transversalement et légèrement échancré en avant.

PLANCHE XLVIII (32)

FIG. 1, 2 et 3. *Anthracoblattina ensifer.* nov. sp. ♀.

Sur ces échantillons, on distingue très bien les pattes, le prothorax sur la FIG. 1, et surtout l'abdomen terminé par une sorte d'oviscapte en forme d'épée.

FIG. 4. *Etoblattina* sp. ♀.

Sur cet échantillon, on distingue l'oviscapte, mais on remarquera qu'il est beaucoup plus court que chez les *Anthracoblattina.*

FIG. 5. *Etoblattina* sp. ♂.

On voit, sur cet échantillon, les pattes, le prothorax, l'abdomen et l'on remarque que l'abdomen n'est pas terminé par un oviscapte, mais qu'il est tronqué et porte des *cerci.*

FIG. 6 et 7. Elytres *d'Etoblattina* sp.

FIG. 8, 9, 10. *Stenoneura robusta.*

La FIG. 10 est la contre-empreinte de la FIG. 9. Sur cette dernière, on voit des taches de pigment qui prouvent que l'aile était colorée.

FIG. 11. *Ischnoneura delicatula.*

FIG. 12. *Ischnoneura elongata.*

FIG. 13. *Sthenarocera pachytyloides.*

PLANCHE XLIX (33).

FIG. 1. *Protophasma Dumasii*. Reproduction directe en héliogravure de l'échantillon, de grandeur naturelle.

FIG. 2. *Protophasma Dumasii*. Reproduction du dessin de l'auteur.

FIG. 3. *Protophasma Dumasii*.

FIG. 3. *Protophasma Woodwardi*.

FIG. 4. *Protophasma Gaudryi*. Reproduction directe en héliogravure de l'échantillon, de grandeur naturelle.

FIG. 5. *Protophasma Gaudryi*. Reproduction du dessin de l'auteur (grandi deux fois).

PLANCHE L (34).

FIG. 1. *Stenoneura Fayoli*, de grandeur naturelle. Reproduction directe en héliogravure de l'échantillon, d'après une photographie de M. Paul Audouin.

FIG. 2. *Stenoneura Fayoli*. Aile antérieure grandie de l'échantillon précédent. Reproduction directe en héliogravure d'après un agrandissement photographique exécuté par M. Paul Audouin.

FIG. 3. *Stenoneura Fayoli*. Ailes postérieures grandies de la FIG. 1. Même procédé de reproduction.

FIG. 4. *Stenoneura Fayoli*.

On a éclairé l'échantillon de façon à montrer l'oviscapte qui termine l'abdomen, mais cet éclairage ne permet pas de voir la nervation.

FIG. 5. *Stenoneura Fayoli*.

PLANCHE LI (35).

FIG. 1. *Œdischia Williamsoni*, de grandeur naturelle. Reproduction directe de l'échantillon en héliogravure.

FIG. 2. *Œdischia Williamsoni*. Dessin de l'auteur d'après la FIG. 1.

FIG. 3. *Œdischia Williamsoni*. Reproduction directe de l'échantillon en héliogravure ; on remarquera que l'aile est très foncée et présente quelques taches irrégulières plus claires.

FIG. 4 *Œdischia Williamsoni*. Dessin de l'auteur d'après la FIG. 3.

FIG. 5. *Œdischia Fischeri*. Reproduction directe de l'échantillon en héliogravure.

FIG. 6. *Œdischia Fischeri*. Aile de la seconde paire.

FIG. 7. *Œdischia Filholi*. Reproduction directe de l'échantillon en héliogravure.

FIG. 8. *Homalophlebia Finoti*. Elytre de grandeur naturelle.

FIG. 9. Débris d'aile d'*Homalophlebia*.

FIG. 10. *Œdischia Maximae* (dédié à ma chère femme, qui m'a toujours encouragé dans mes travaux).

FIG. 11. *Sthenarocera pachytyloides*. Reproduction directe de l'échantillon en héliogravure.

FIG. 12. *Sthenarocera pachytyloides*. Contre-empreinte de la FIG. 11.

PLANCHE LII (36).

Fig. 1. *Ischnoneura Oustaleti.* Reproduction directe de l'échantillon en héliogravure (de grandeur naturelle).

Fig. 2 *Ischnoneura Oustaleti.* Dessin de l'auteur d'après l'échantillon précédent.

Fig. 3. *Ischnoneura Oustaleti*, autre échantillon.

Fig. 4. *Œdischia Fischeri.* Echantillon reproduit directetement en héliogravure.

Fig. 5 à 11. *Caloneura Dawsoni.*
Toutes ces figures, excepté la Fig. 6, sont reproduites en héliogravure directement d'après les échantillons.

La Fig. 5 représente une empreinte remarquablement bien conservée et la Fig. 6 en est le dessin explicatif.

La Fig. 7 est l'extrémité d'une aile.

Les autres figures montrent les antennes longues et les pattes longues et grêles.

PLANCHE LIII (37).

Les Fig. 1, 2, 3, 4 sont reproduites directement en héliogravure d'après les échantillons.

Fig. 1. *Fulgorina Goldenbergi.*

Fig. 2. *Fulgorina ovalis.*

Fig. 3. *Fulgorina Goldenbergi.*

Fig. 4. *Palaeocixius.*

Fig. 5. *Dictyocicada antiqua.*

Fig. 6. *Rhipidioptera elegans.*

Fig. 7. *Rhipidioptera elegans*, contre-empreinte de la Fig. 6, mais montrant une partie de l'aile plus éloignée de la base.

Fig. 8. *Mecynostoma Dohrni.*

a patte de la patte de la première paire ; *c* patte de la seconde paire ; *d* patte de la troisième paire.

p aile de la première paire ; *r*, *r*, ailes de la seconde paire.

t tête montrant un œil et les organes buccaux prolongés en bec *b*.

Fig. 9. *Mecynostoma Dohrni*, aile de la seconde paire.

Fig. 10. *Mecynostoma Dohrni*, aile de la première paire (fragment).

Fig. 11 et 12. Empreinte et contre-empreinte d'une aile qui se rapporte probablement au genre *Mecynostoma*.

Fig. 13. *Eugereon Bœckingi*, d'après Dohrn (grandi de 1/6).

a. Lèvre supérieure.

b. Première paire de mâchoires (mandibules).

c. Deuxième paire de mâchoires (mâchoires proprement dites).

d. Lèvre inférieure.

e. Palpes labiaux.

f. Antennes.

g. Prothorax.

h. Mésothorax.

i. Mesosternum (?).

k. Métathorax (?).
l. Abdomen (?).
m. Patte du milieu *(côté droit)*.
n. Tibia de la patte du milieu (deuxième paire) *côté gauche*.
o. Appendices (?).
p. Costales des ailes antérieures.
q. Sous-costale.
r. Radius.
s. Cubitus antérieur de l'aile antérieure.
t. Cubitus postérieur.
u. Costale de l'aile postérieure.
v. Sous-costale.
w. Branche de la sous-costale de l'aile postérieure.
x. Radius de l'aile postérieure.
y. Cubitus antérieur de l'aile postérieure.
z. Cubitus postérieur de l'aile postérieure.
α. Nervure longitudinale indéterminable.
β. Partie basilaire de l'aile postérieure.

Fig. 14. Extrémité supérieure de la partie buccale.
b. Mandibule droite (?).
c. Mâchoire droite.
e. Palpes labiaux.
f. Canal avec cristaux de pyrite sulfureuse.
g. Mandibule gauche (?).
h. Mâchoire gauche (?).

Fig. 15. Antennes.
(3 *a*). Extrémité d'une antenne placée sur l'empreinte de l'aile droite.

Fig. 16. (3 *b*). Fragment de l'autre antenne.

Fig. 17. (4). Articulation de la patte antérieure.
a. Tête.
b. Cuisse (?) antérieure.
c. Prothorax.
d. Prosternum (?).

Fig. 18. Tarse et pointe (épine?) du tibia de la patte gauche antérieure.

Imp. Théolier & Cie.

Industrie minérale, 3me Série, Tome VII, 1893
NERVATION DES NÉVROPTÈRES
PL. XVII (1)
Fig. 1
Fig. 2
Fig. 3
Fig. 4
Fig. 5
Fig. 6
Fig. 7
Fig. 8
Fig. 9
Fig. 10
Fig. 11

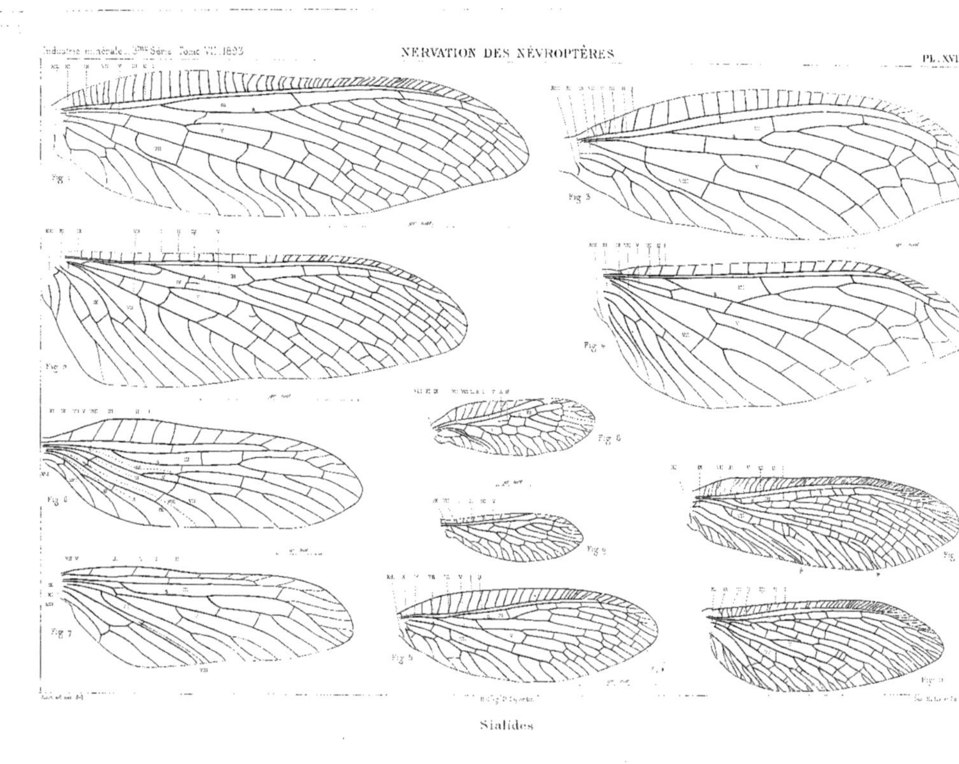

Sialides

NERVATION DES NÉVROPTÈRES

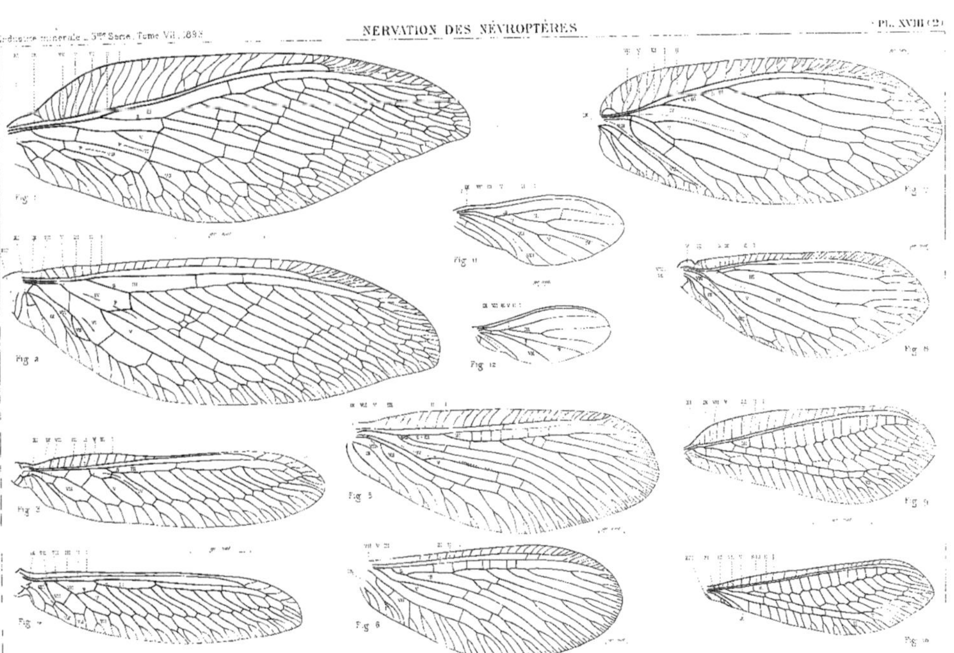

Mantispides. Hémérobides. Chrysopides. Conioptérygides.

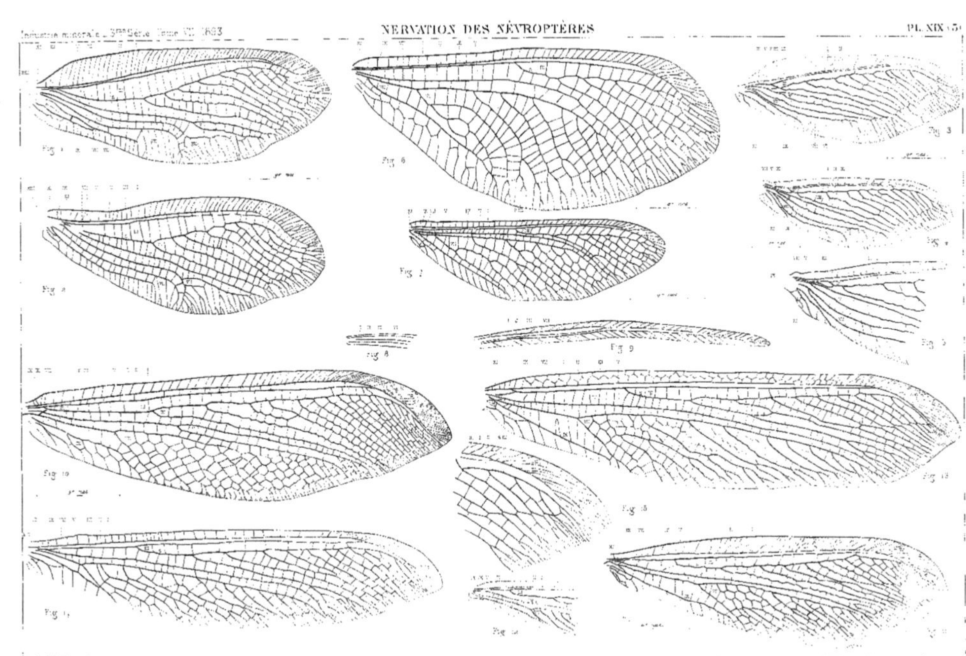

Hémérobides. Némoptérides. Nymphides. Myrméléonides.

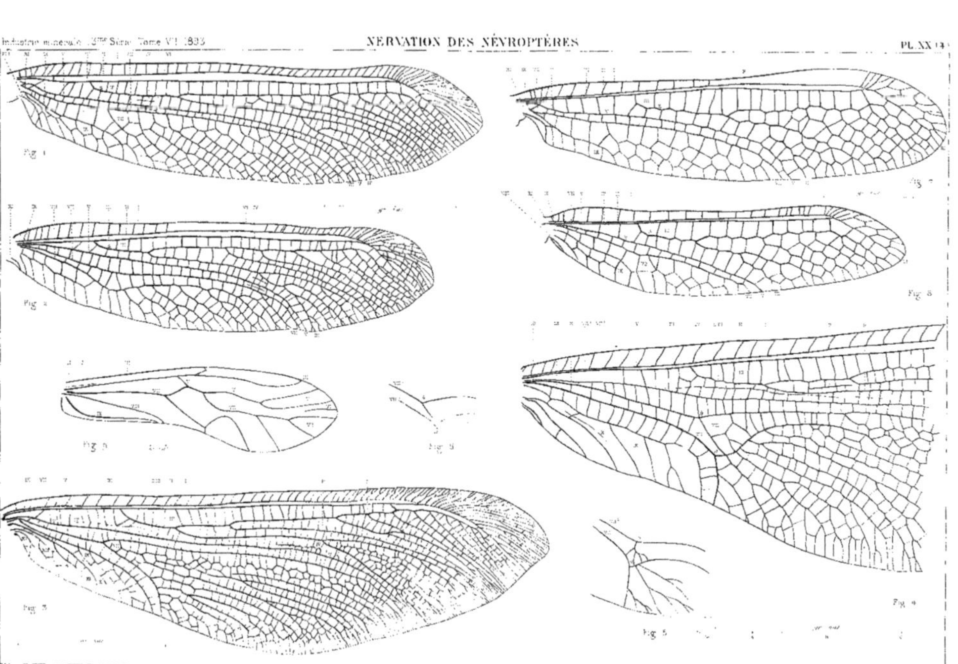

Myrméléonides.... Psocides.

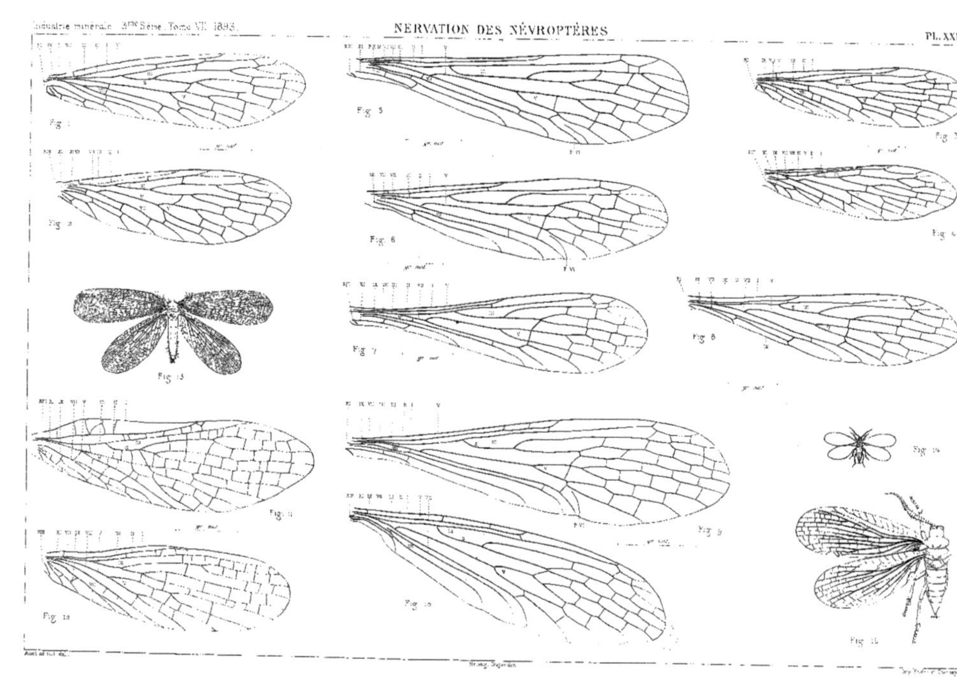

Panorpides.

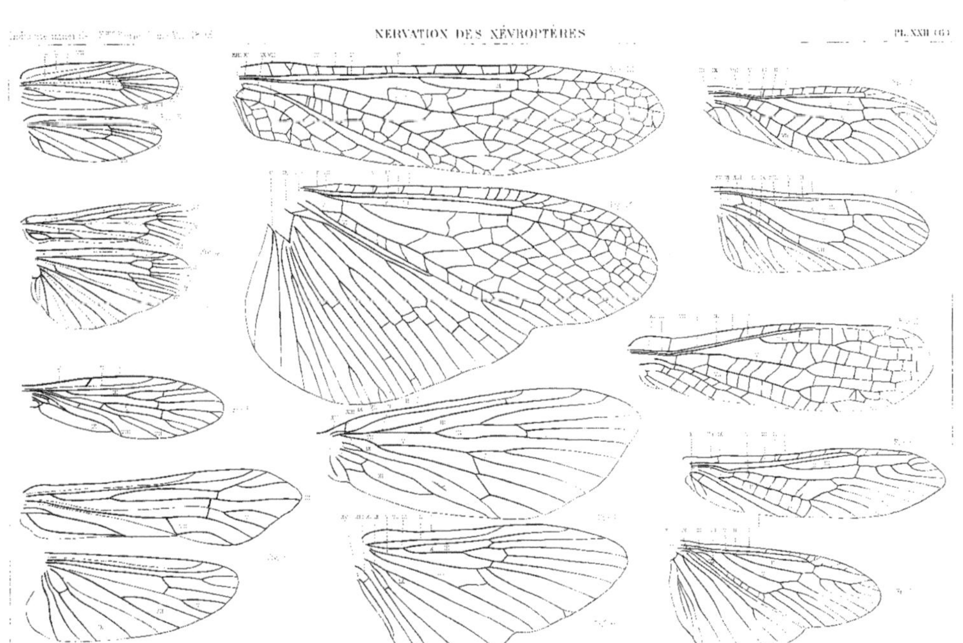

Phryganides et Perlides

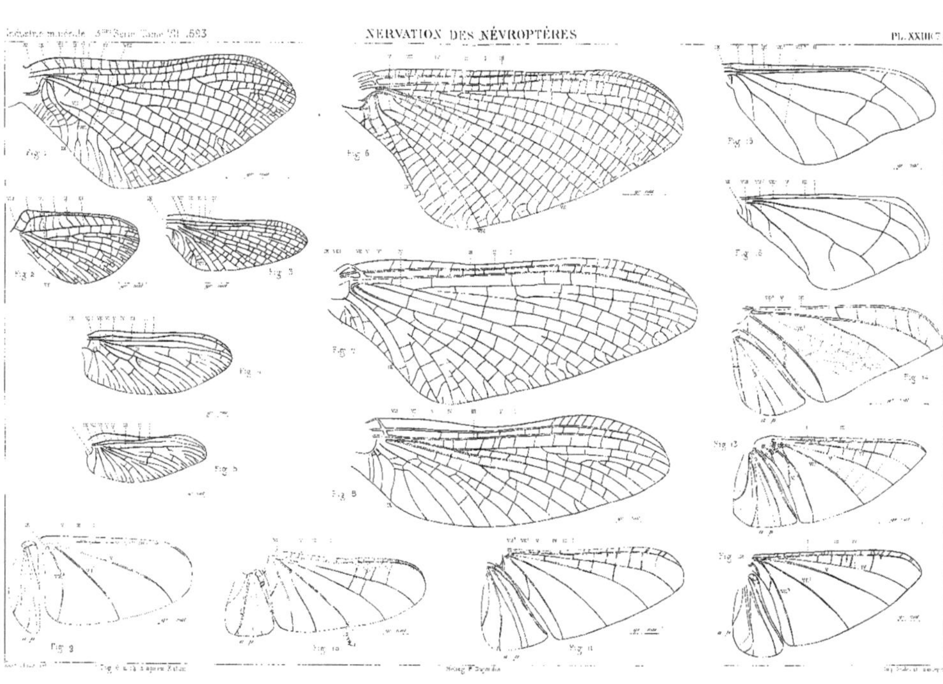

Ephémérides.

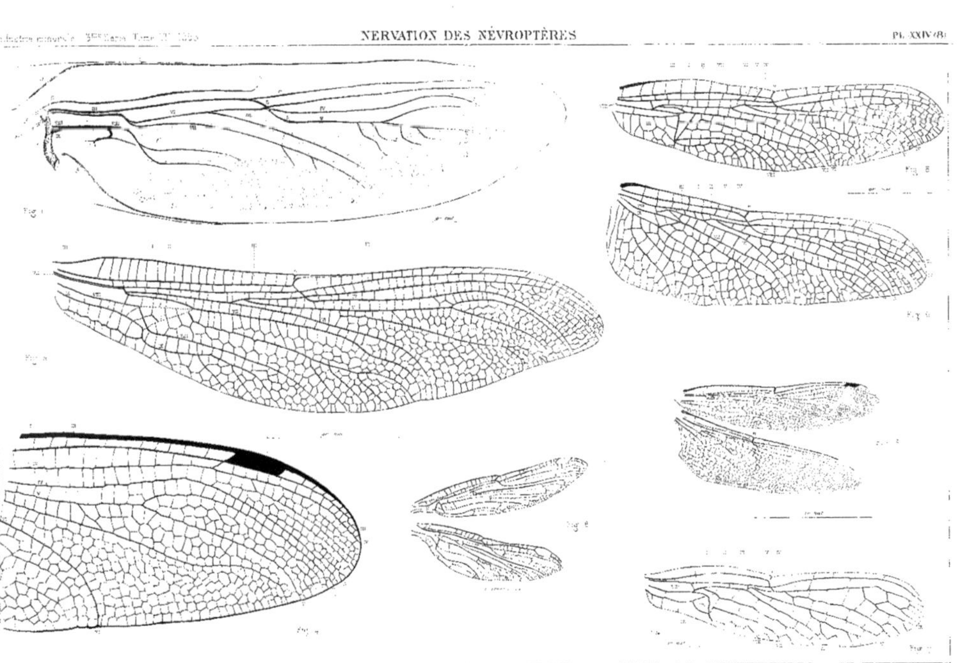

Odonates.

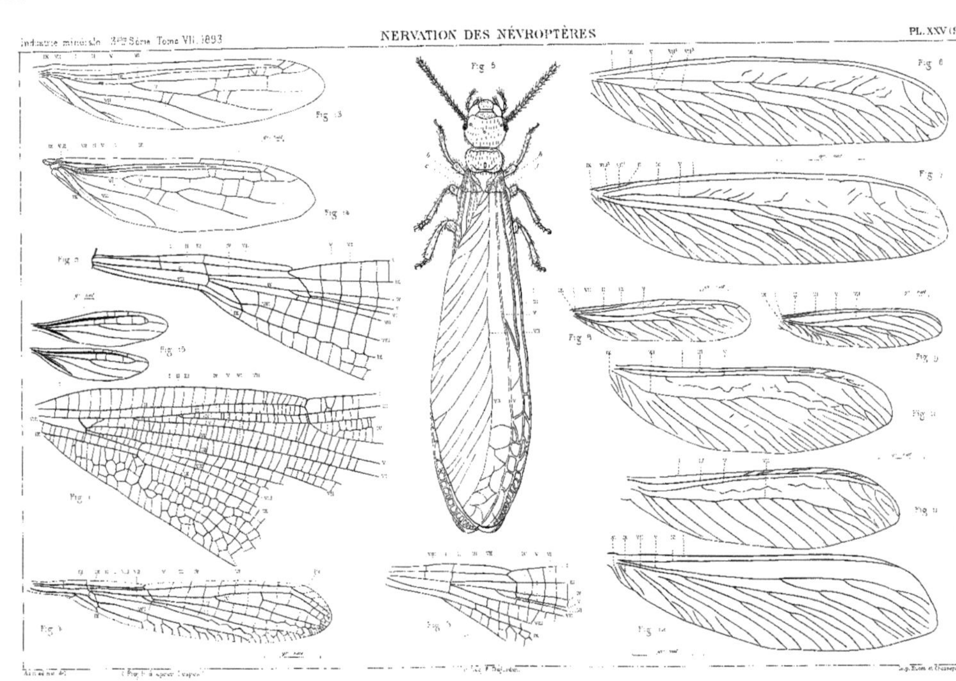

Odonates. — Embides. — Termitides.

NERVATION DES ORTHOPTÈRES

Pl. XXVI (10)

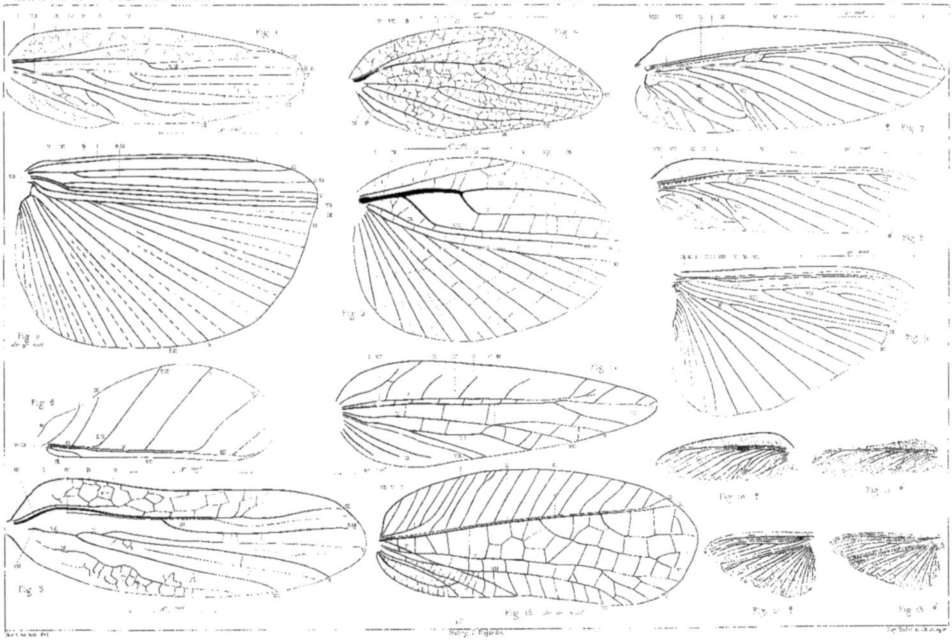

Phasmides. — Mantides. — Locustides.

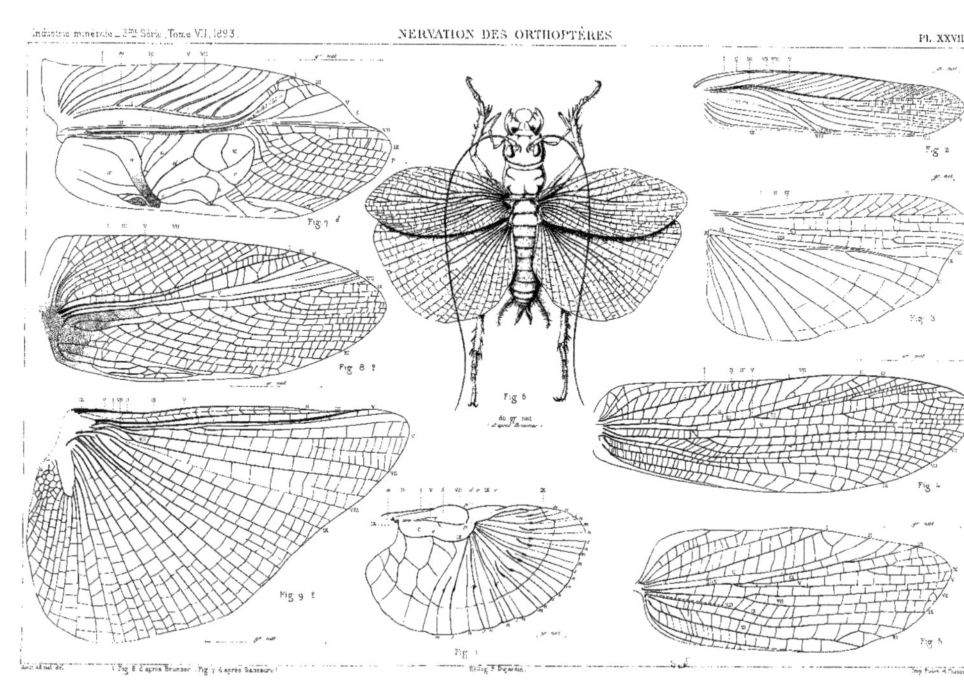

Forficulides.___Blattides.___Sténopelmatides.___Gryllacrides .__Gryllides.

NERVATION DES ORTHOPTÈRES ET DES FULGORIDES

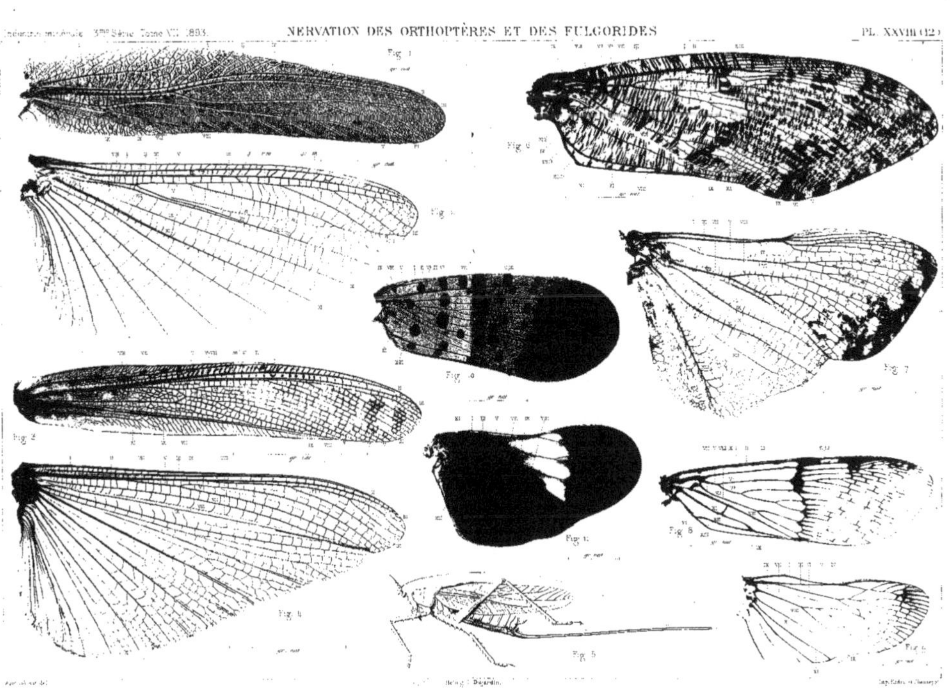

Locustides (fig. 1 à 2) — Acridides (fig. 3 à 4) — Fulgorides (fig. 5 à 11) — Pseudophanides (fig. 8 et 9)

INSECTES FOSSILES PRIMAIRES.

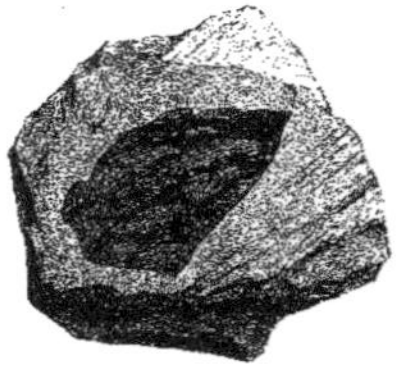

Fig. 6

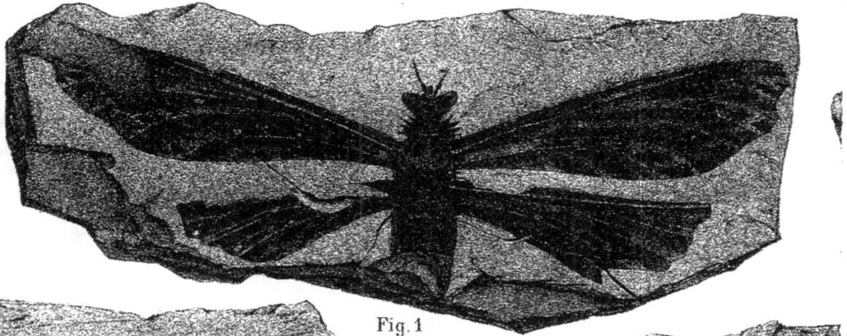

Fig. 1

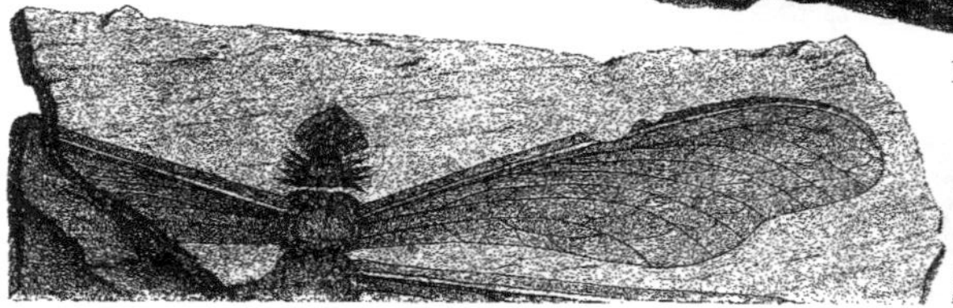

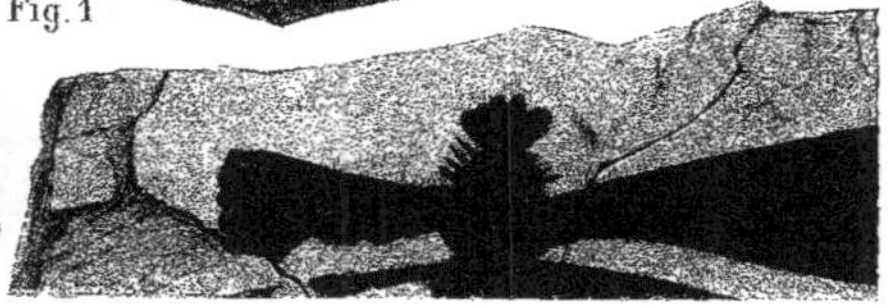

Sohier lith.

Im

Genres Mischoptera et Psilothorax Ch. Brongniart.

(de grandeur naturelle.)

Névroptères de la famille des Mégasécoptérides.

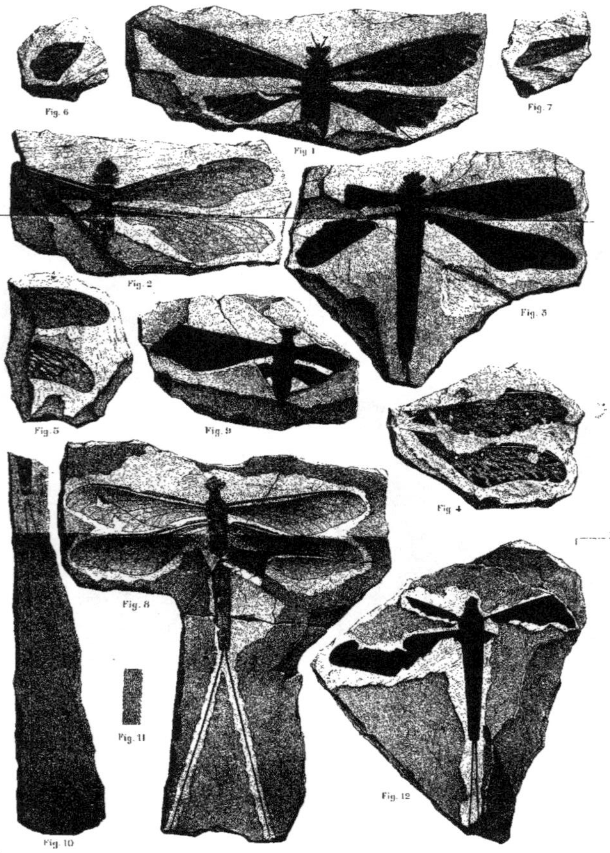

Fig. 6 Fig. 1 Fig. 7

Fig. 2 Fig. 3

Fig. 5 Fig. 9 Fig. 4

Fig. 8 Fig. 11 Fig. 10 Fig. 12

Genres Mischoptera et Psilothorax Ch. Brongniart.
(de grandeur naturelle.)

Névroptères de la famille des Mégasécoptérides.

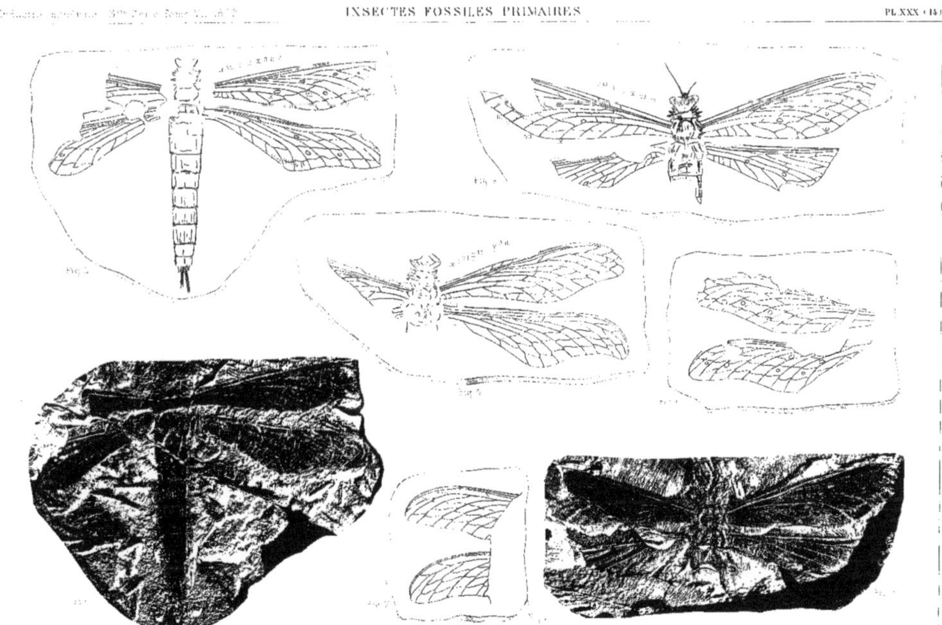

Névroptères de la Famille des Mégasécoptérides

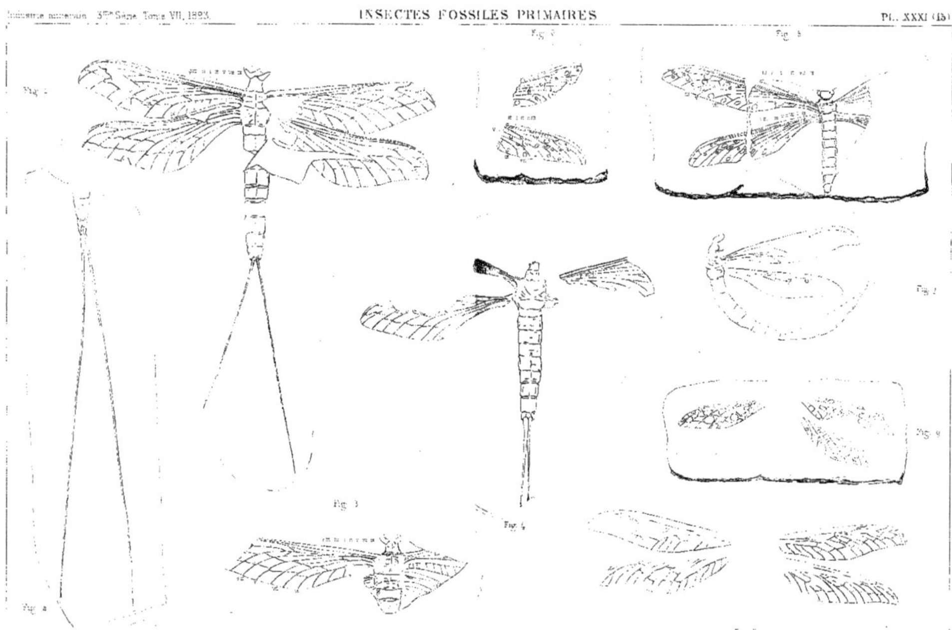

Névroptères de la famille des Mégasécoptérides

Toutes les figures sont de grandeur naturelle

INSECTES FOSSILES PRIMAIRES

Pl. XXXII (16)

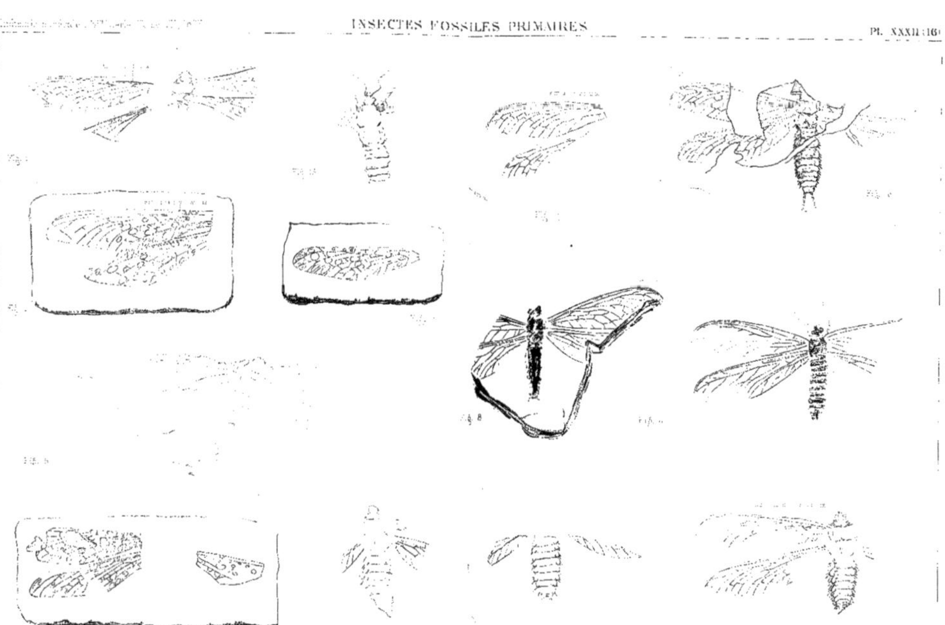

Névroptères de la famille des Mégasécoptérides.

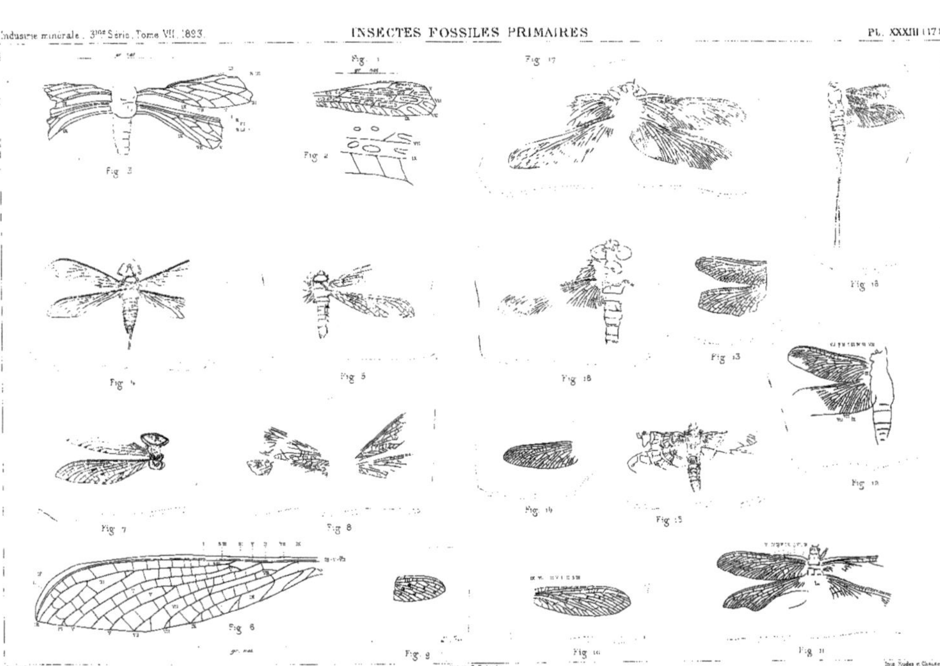

Névroptères des familles des Mégasécoptérides (Fig. 1 à 10) et des Protéphémérides (Fig. 11 à 19)
(Toutes les figures à l'exception des N°s 1 à 6, sont de grandeur naturelle.)

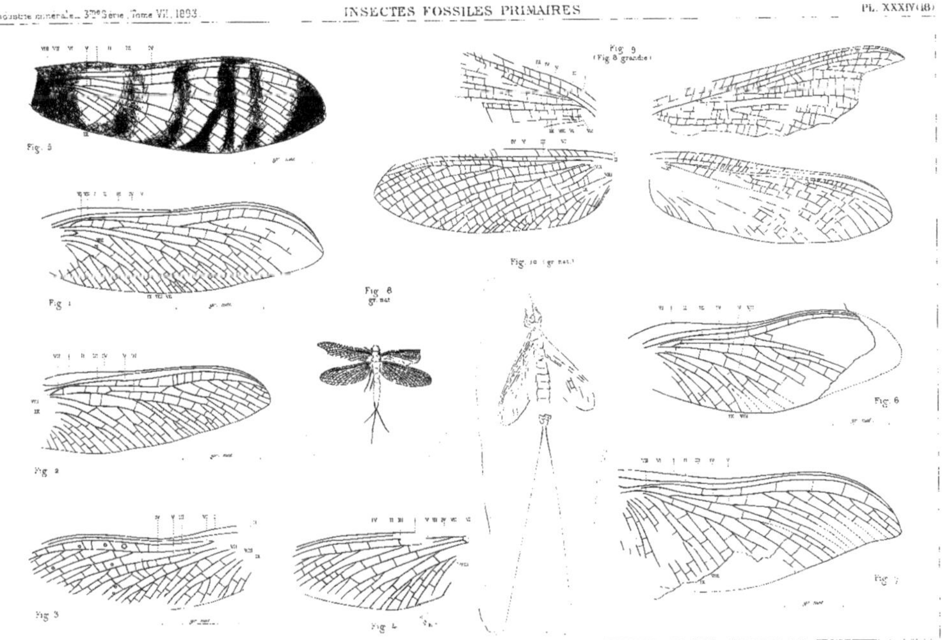

Névroptères de la famille des Protéphémérides.

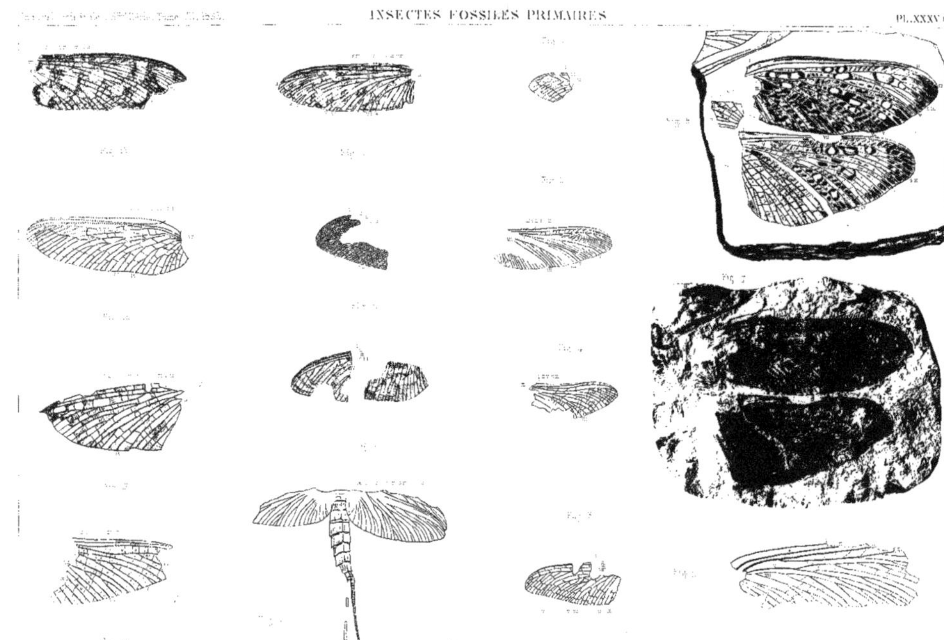

Névroptères de la famille des Platyptérides.

Fig. 1

Fig. 2

Fig. 3

Fig. 4

Fig. 5

Fig. 6

Fig. 7

Fig. 8

Fig. 9

Fig. 10

Névroptères de la famille des Platyptérides.

Toutes les figures sont de grandeur naturelle.

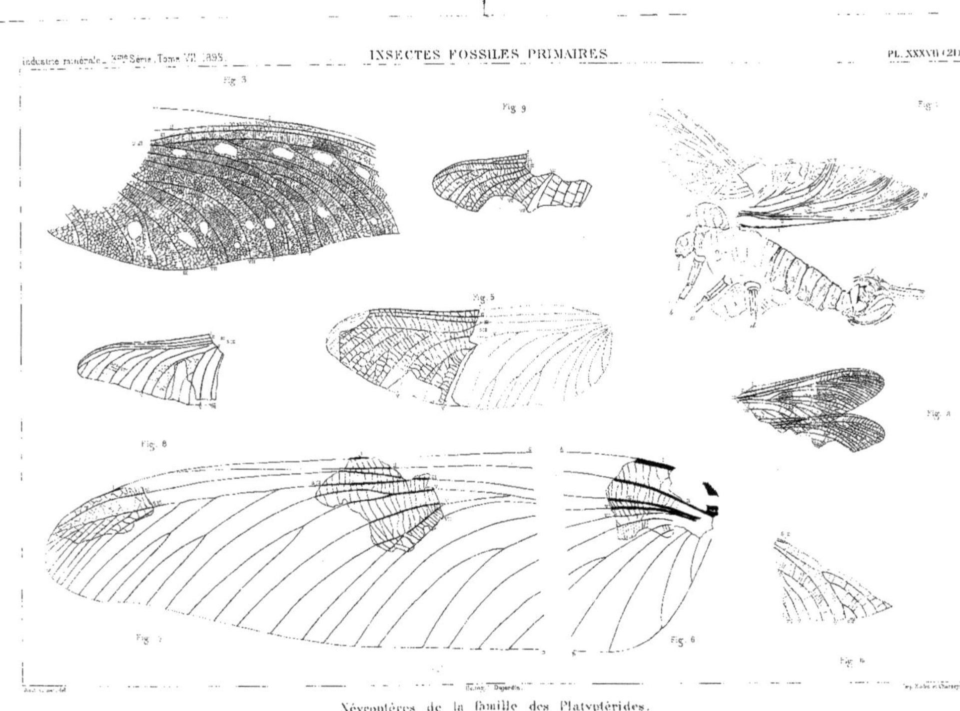

Névroptères de la famille des Platyptérides.

(Toutes les figures sont de grandeur naturelle)

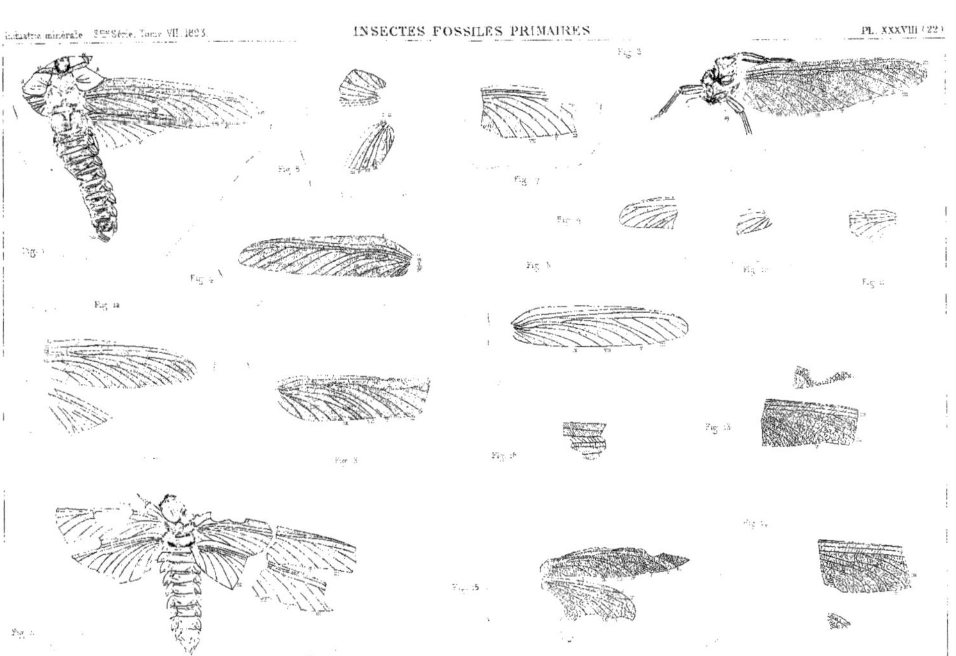

Névroptères de la famille des Sténodictyoptérides.

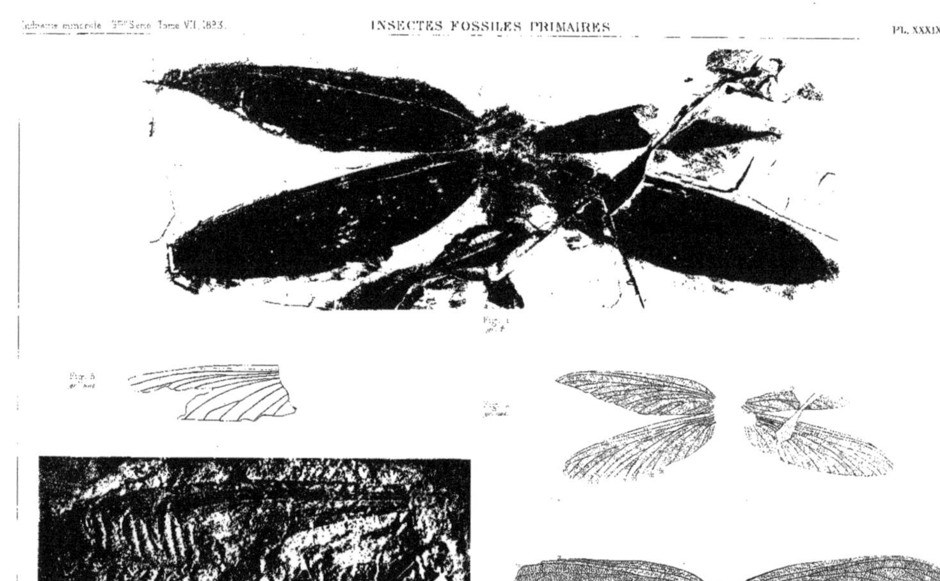

Névroptères de la famille des Sténodictyoptérides.

Industrie minérale . 3me Série, Tome VII. 1893.

INSECTES FOSSILES PRIMAIRES

PL. XL (24)

Névroptères des familles des Protodonates et des Protoperlides

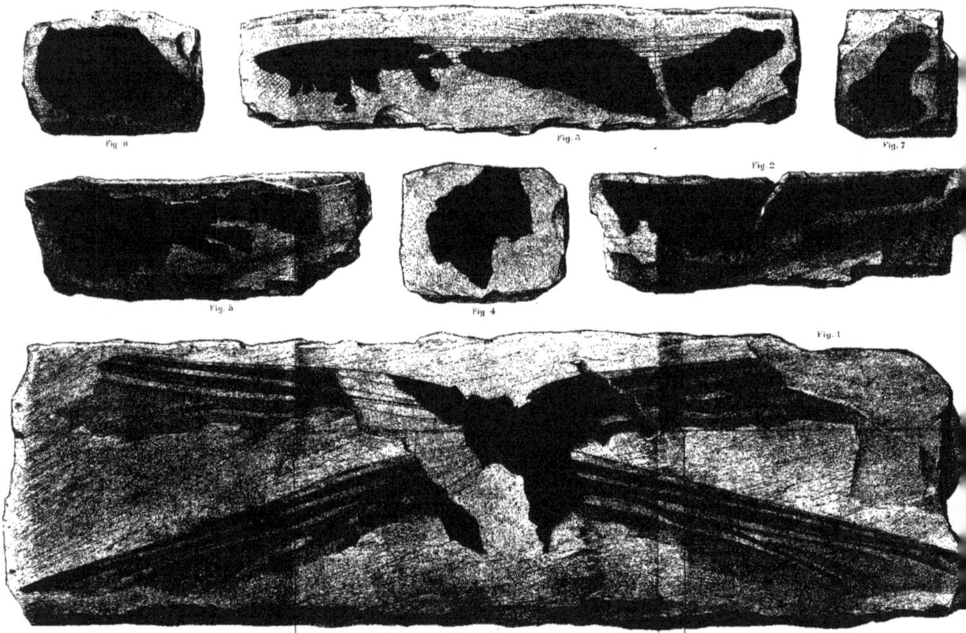

Fig. 6

Fig. 3

Fig. 7

Fig. 2

Fig. 5

Fig. 4

Fig. 1

Meganeura Monyi. Ch. Brongniart. (Fig. 1 à 6.)
Névroptère de la famille des Protodonates.
(Tous les dessins sont de grandeur naturelle.)

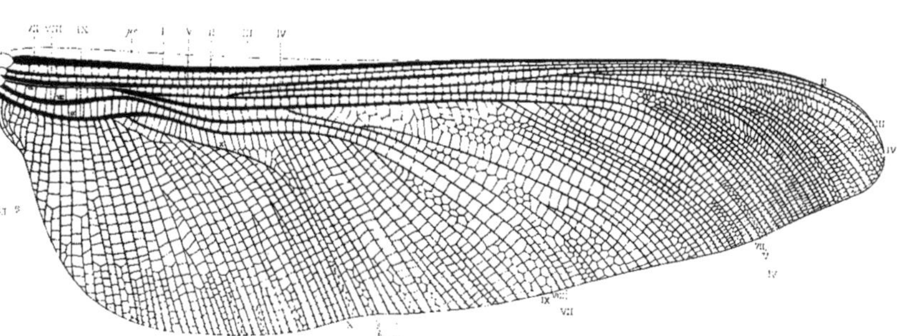

Restauration des ailes de Meganeura Monyi.
Nevroptère de la famille des Protodonates.
(Grandeur naturelle)

Sohier et Campy Phot. Imprimeurs.

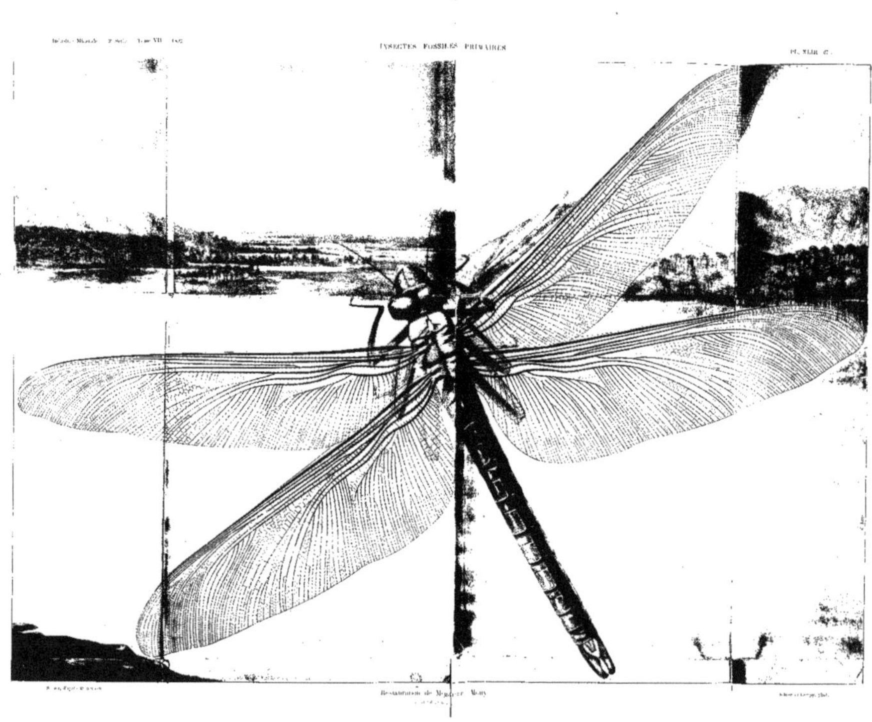

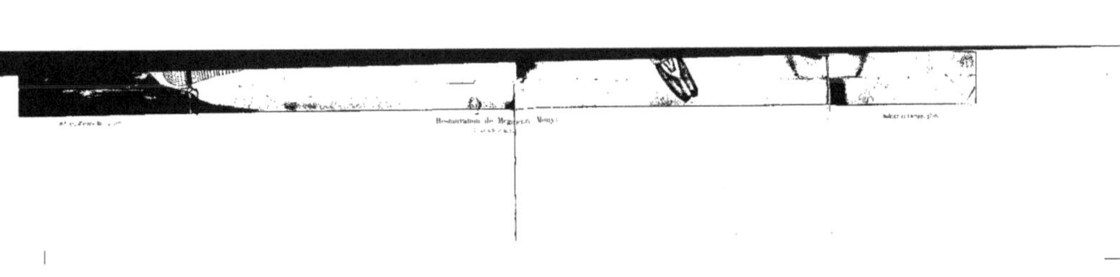

Meganeura Selysii. Ch. Brongniart.
Névroptère de la famille des Protodonates.

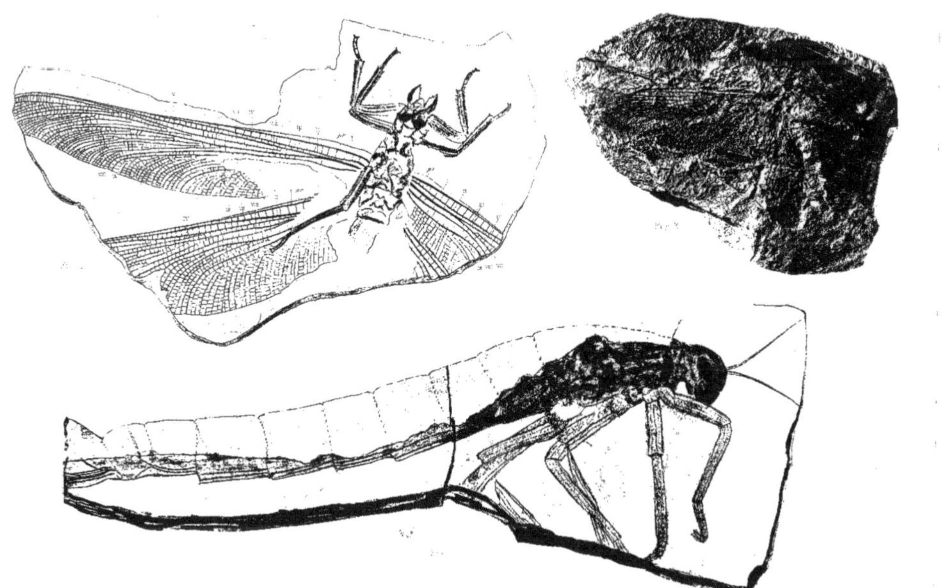

Névroptères de la famille des Protodonates.
Orthoptère de la famille des Protolocustides.

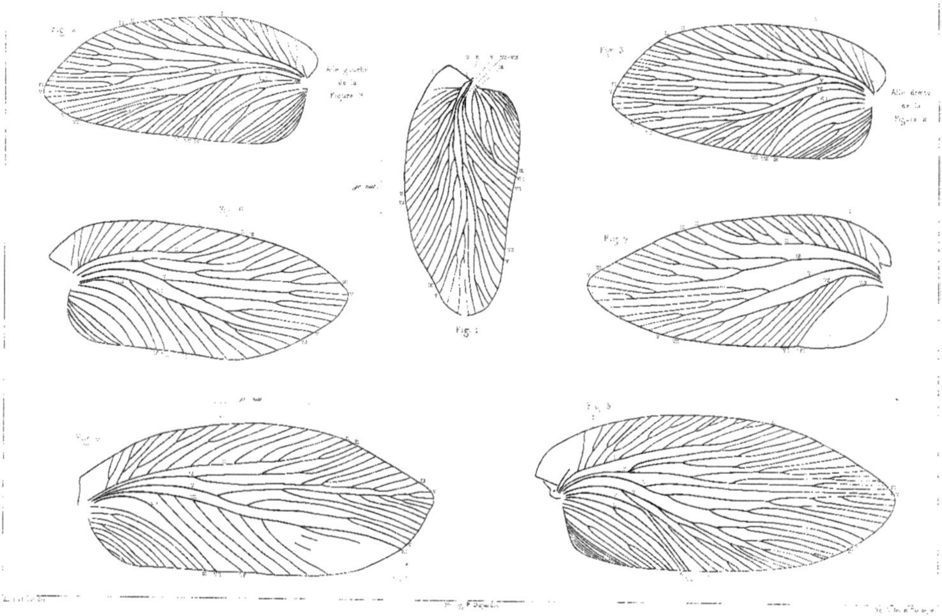

Orthoptères de la famille des Paléoblattides (sous-famille des Blattinides.)

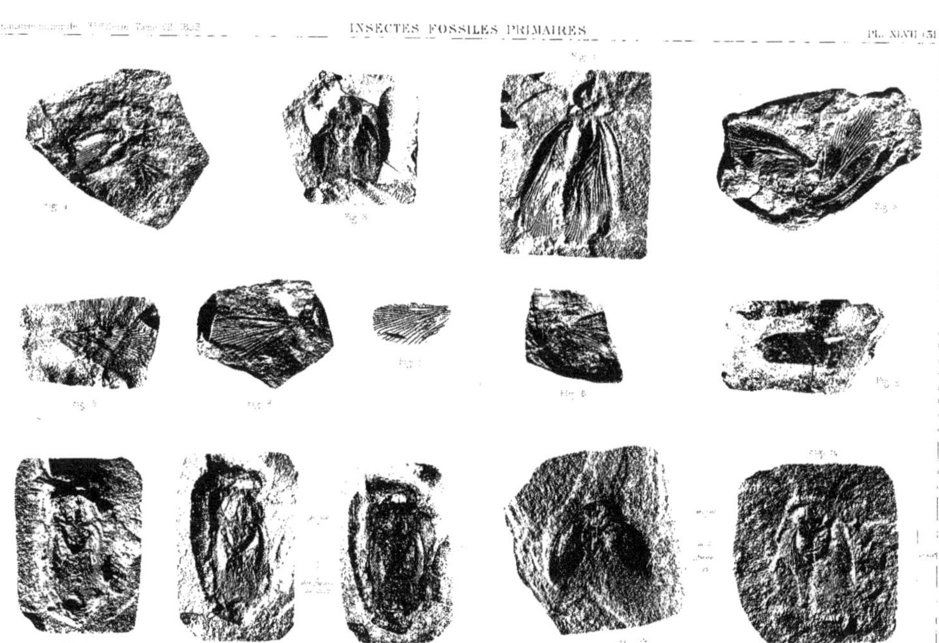

Orthoptères de la famille des Paléoblattides.

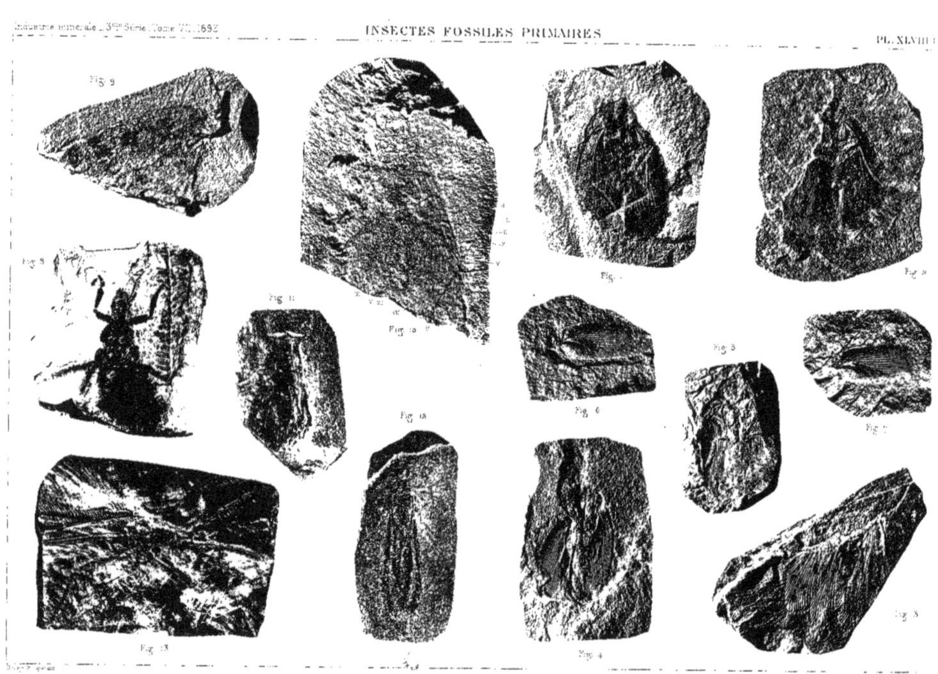

Orthoptères des familles des Paléoblattides (...) des Protophasmides (...); des Hadrobrachypodides (...); des Paléacridides (...)

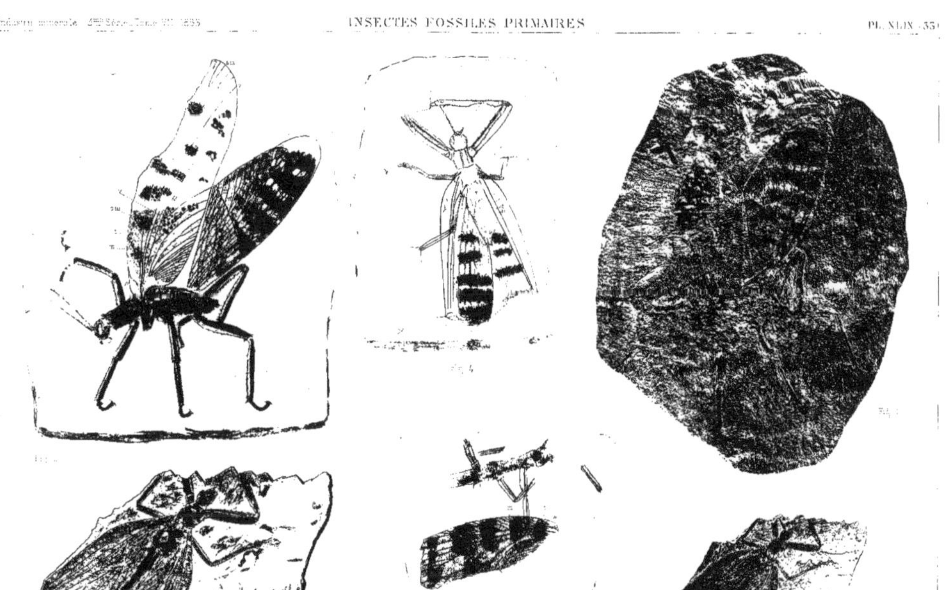

Orthoptères de la famille des Protophasmides
du genre Protophasma. (Ch. Brongn.)

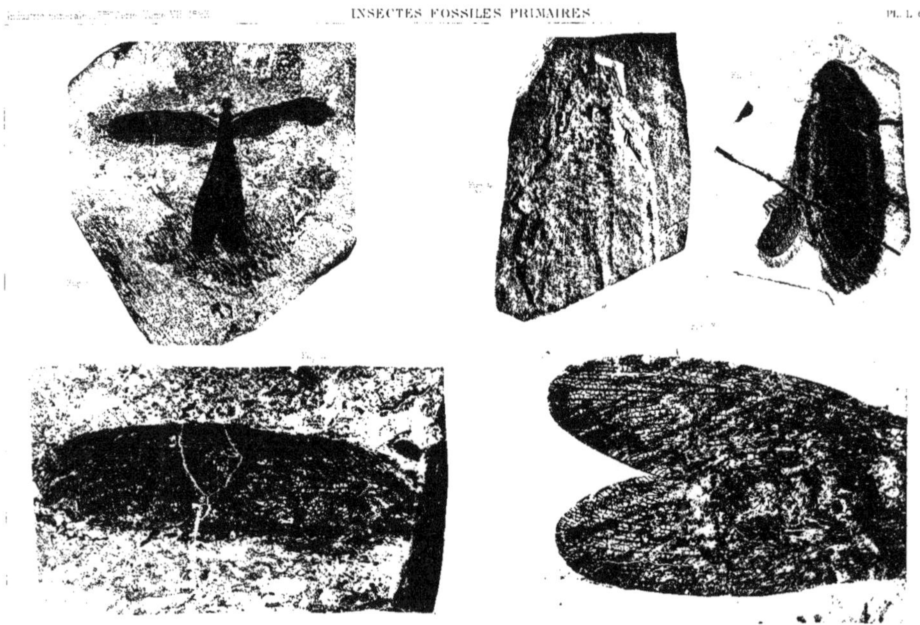

Orthoptères de la famille des Protophasmides

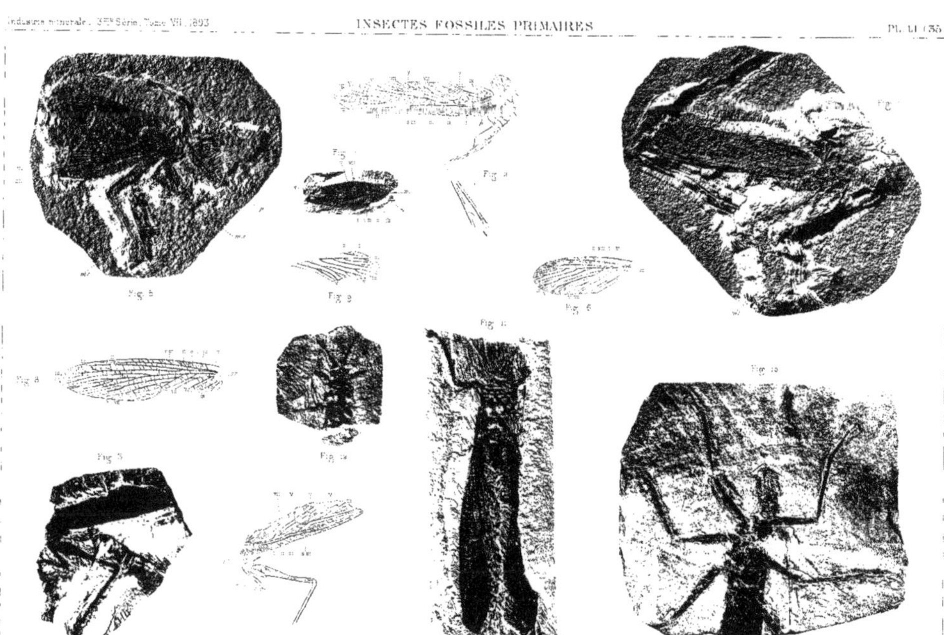

Orthoptères des familles des Protolocustides et des Paléacridides

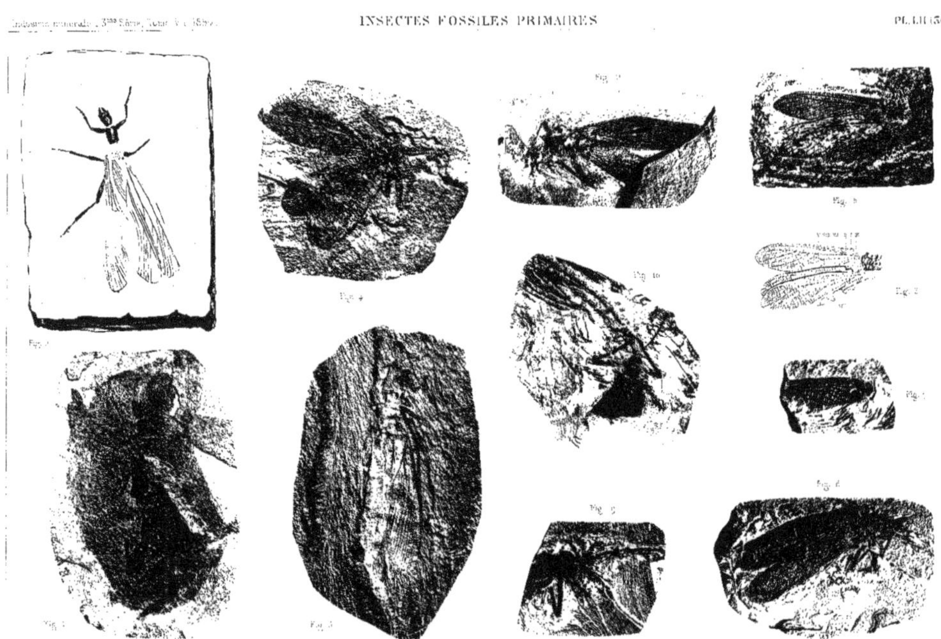

Orthoptères des familles des Hadrobrachypodes et des Paléacridides.

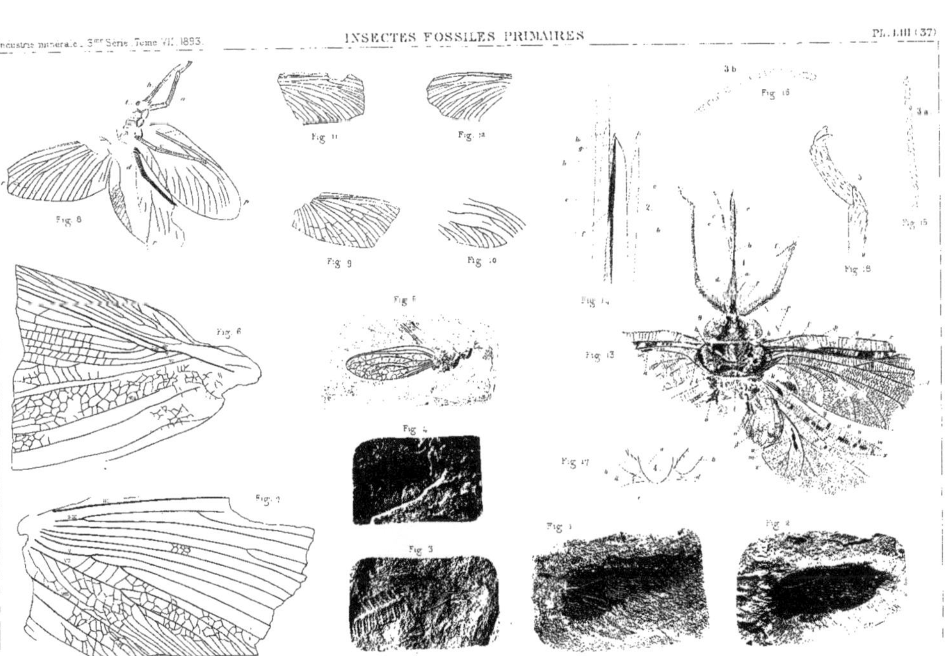

Homoptères

www.ingramcontent.com/pod-product-compliance
Ingram Content Group UK Ltd.
Pitfield, Milton Keynes, MK11 3LW, UK
UKHW021153260726
13994UKWH00001B/436